A mis padres, Onsy y Suzie, que lucharon cielo y tierra para darnos a mí y a mi hermana todas las oportunidades.

A mi hermana, Nash, que siempre ha sido y siempre será mi mayor modelo a seguir.

A mi marido, Ramy, que es mi columna vertebral, mi protector y el amor de mi vida.

Y lo más importante, a mis hijas, Olivia, Emma y Evelyn.

Es por ustedes y para ustedes que hago absolutamente todo. Los quiero más que a la vida misma.

FOREWORD BY
DR. LAURA BERMAN & SAM CHAPMAN

EL MUNDO ONLINE

LO QUE CREES SABER Y LO QUE NO SABES

4 HERRAMIENTAS FUNDAMENTALES PARA EDUCAR A LOS NIÑOS EN LA ERA DIGITAL

RANIA MANKARIOUS, MA, JD

CEO de CRIME STOPPERS OF HOUSTON

SILVERSMITH
PRESS

Publicado en Houston, Texas, por Silversmith Press.

Los títulos de Silversmith Press pueden adquirirse al por mayor para fines educativos, comerciales, de recaudación de fondos o de promoción de ventas. Para más información, envíe un correo electrónico a office@ silversmithpress.com.

ISBN 978-1-961093-15-7

Publicado por Silversmith Press, Houston, Texas-www.silversmithpress. com. Impreso en los Estados Unidos de América.

CONTENIDO

AGRADECIMIENTOS

A lo largo de mi vida profesional, he tenido un deseo constante: plasmar los conceptos que he desarrollado en un libro y crear así un recurso permanente para ayudar a los padres a mantener a sus hijos seguros en Internet.

Llevaba años con este anhelo, incapaz de seguir adelante hasta que un día una querida amiga, Gabriela Gerhart, me presentó a la coach de escritura Joanna Hunt-Boyer. En menos de un año, Joanna me ayudó a convertir conceptos en un plan, historias en pasos de acción e interminables horas de investigación en el libro que ahora tienes en tus manos. Al final, ha hecho realidad un sueño muy real y personal, que no se habría hecho realidad sin ella.

Un agradecimiento especial a Joanna por su pericia como escritora y a Chris Boyer por su dirección creativa, la increíble portada y el diseño interior, y al equipo de Silversmith Press que ha dado vida a este proyecto.

Gracias a mi hija Olivia, por ser una lectora de prueba y editora junior; a Mary Maikail, por ofrecernos su honesta opinión como madre, y a Alex Soliman por añadir la perspectiva de un estudiante universitario.

A pesar de todo, hubo muchas mañanas a las 5:00, noches hasta tarde y fines de semana ajetreados. Mi marido y mis hijos se llevaron la peor parte de las interminables horas que dediqué a este esfuerzo. Su amor, su apoyo, sus ánimos, sus cafés, sus tentempiés, sus masajes cervicales y mucho más me mantuvieron en pie, y mi amor por ellos me hizo estar más decidida que nunca a terminar esta obra.

Mis padres y mi hermana han participado en todo momento, escuchando ideas, conceptos y ayudando en el título final y el diseño. Les doy las gracias por todo lo que han hecho para forjar mi interés y llevarme hasta este punto.

A mi otra familia -el equipo de Crime Stoppers de Houston y mi comunidad de Houston-, me permiten hacer un trabajo que significa todo para mí y formar parte de sus vidas durante sus momentos más críticos. Ustedes me inspiran a diario y me dan la esperanza de un mañana mejor.

A la Dra. Laura Berman y a Sam Chapman y a todos los que han apoyado este libro, gracias por utilizar sus poderosas voces para hacer avanzar este trabajo.

A los padres que lean este libro: gracias por defender a sus hijos y espero que encuentren este recurso útil y esperanzador. Como siempre digo, quiero a mis hijos y también quiero a los suyos. Nunca dejaré de luchar por ellos.

—Rania

En un mundo perfecto, nunca nos habrían pedido que escribiéramos este prólogo. No porque no adoremos a Rania y apoyemos su increíble misión, sino porque en nuestro mundo perfecto, Sammy sigue aquí. Sammy, nuestro eterno chico de 16 años, que fue arrebatado de este mundo gracias a Snapchat y a traficantes de drogas online. Si Sammy siguiera aquí, no sabríamos lo peligrosas que pueden ser las redes sociales para los niños. No conoceríamos el insidioso poder de las grandes redes sociales y las formas en que eluden la ley y evitan asumir la responsabilidad de las muertes que se producen como consecuencia de sus plataformas. No conoceríamos a los miles de niños que han muerto como consecuencia de trapicheos de drogas en línea, ciberacoso, retos de TikTok, depredadores sexuales y trata de seres humanos.

Si Sammy estuviera aquí, en su habitación afinando la guitarra o riendo con su hermano pequeño mientras juegan a videojuegos, seguiríamos ciegos e ignorantes ante los graves peligros de las redes sociales.

Pero no está. Se ha ido para siempre, y la persona responsable nunca tendrá que rendir cuentas, porque las redes sociales protegen y permiten a los peores tipos de delincuentes. Así que aquí estamos, escribiendo un prólogo que nunca habríamos imaginado, un prólogo en el que suplicamos a otros padres que se unan a nuestra lucha y se den cuenta de que todos y cada uno de los niños están en peligro ahora mismo. Nuestro hijo era un estudiante sobresaliente. Estaba en el equipo de fútbol del colegio. Era inteligente y ambicioso, y estaba muy ilusionado por empezar sus prácticas de verano. Y ahora, su potencial y su propósito aquí se han apagado. Todo lo que podemos hacer es recoger nuestra pena y dolor y utilizarlos para ayudar a educar a otros padres que quizá no sean conscientes de lo peligroso que es el mundo online.

Como la mayoría de los padres, suponíamos que lo peor que podía pasar en Internet era que nuestros hijos vieran una foto de una mujer desnuda o se vieran expuestos a un lenguaje soez. No teníamos ni idea de que existía ese "otro mundo" lleno de traficantes de drogas y proxenetas, depredadores y maltratadores. Hasta que un día nos enteramos, y nos enteramos de la peor manera que nadie podría imaginar.

En este libro leerás nuestra historia y, aunque no podemos hacer nada para cambiar el pasado, sí podemos hacer algo para que nuestra historia y nuestra pérdida no se conviertan en tu historia o en tu pérdida. Nos comprometemos a hacer sonar la alarma y a asegurarnos de que todos los padres despierten.

Si conoces a nuestra familia, sabrás que somos personas activas con platos llenos y vidas plenas. No elegimos esta nueva trayectoria, pero la hemos abrazado con una pasión feroz. Ahora, estamos dedicados y comprometidos con una conversación que exponga las inimaginables realidades que la web oscura (o la web cotidiana) tiene sobre nuestros hijos. Nos dedicamos a utilizar nuestras voces y nuestras plataformas para llamar la atención de todos los padres que, como nosotros hace tan solo unos meses, no comprenden del todo los peligros del mundo online. Y sobre todo, más allá de hacer sonar la alarma, nos dedicamos a dar respuestas. Aunque muchos quieren que los niños no se conecten -y nosotros también-, somos conscientes de que, hasta cierto punto, eso no es realista en la era digital. Preferimos exigir soluciones y estrategias que garanticen la seguridad de todos. Soluciones que incluyan la exigencia de mejores medidas de seguridad en lo que respecta a la gran tecnología; soluciones que ya no protejan a la gran tecnología de toda responsabilidad; soluciones que prohíban que personas peligrosas entren y salgan fácil y rápidamente de las aplicaciones de mensajería de los niños, ofreciéndoles cosas que pueden alterar sus vidas o acabar con ellas. Estamos trabajando con empresas como BARK.us y en campañas como #letparentsprotect, así como en la legislación (Ley de Sammy), y no nos detendremos.

Si eres un padre que sufre una pérdida similar, debes saber que no estás solo. No es culpa tuya. Y tienes todo el derecho a honrar su pena y sentir su profundo dolor. Cada día aprendemos de nuevo a bailar con nuestro dolor y a plegarnos a sus mareas, en lugar de huir de él. Sabemos que cuanto más cerca tengamos a Sammy en nuestros corazones y más contemos su historia, más mantendremos vivo su legado y ayudaremos a sanar el mundo. Y estamos avanzando: Facebook se enfrenta por fin a la presión legislativa gracias a los denunciantes que han denunciado el historial de la empresa de negar los riesgos para los usuarios jóvenes, y esperamos ver cómo se reduce el poder de las grandes redes sociales en los próximos años.

Por ahora, la lucha continúa. Sigue leyendo para saber cómo puedes unirte a esta lucha ayudando a mantener a tus hijos y a tus seres queridos seguros en Internet. Hemos dedicado mucho esfuerzo a este libro y a proporcionar estrategias y soluciones que pueden poner en práctica ahora mismo en sus propios hogares. Tómate tu tiempo para leerlo con tus hijos. Te prometemos que no te arrepentirás.

—Dra. Laura Berman y Sam Chapman

Soy una niña de los años 80, una época mucho más sencilla con muy pocas distracciones digitales. Atari, que se lanzó en 1977, era la principal plataforma de juego, pero sólo tenía un puñado de juegos. Yo era una niña observadora. Me enseñaron a ser consciente de lo que me rodeaba, de mi familia y de nuestra comunidad. También era consciente de que, aunque nací en un pueblo a sólo 18 millas al oeste de Boston, éramos en gran medida una familia de inmigrantes. Mis padres socializaban con amigos y parientes de su país natal, y los fines de semana estaban siempre llenos de eventos con estos amigos de la comunidad. Era consciente de que mi aspecto era ligeramente distinto al de los demás niños, con mi pelo rizado y oscuro y mi piel morena. Reconocí que los padres del colegio tenían una camaradería de la que mi familia no formaba parte. Me di cuenta de que mis almuerzos atestados (y mi madre realmente los atestaba) eran muy diferentes de los de mis compañeros.

No sólo era muy consciente de que no éramos bostonianos nativos, sino también de que mis padres abandonaron nuestro país natal porque allí también éramos minorías. Bien o mal, parecíamos ser "minorías" dondequiera que fuéramos.

Aunque siempre fui consciente de ello, nunca me molestó y ahora sólo lo comparto con ustedes como telón de fondo de quién soy, cómo me criaron y, en última instancia, cómo llegué a escribir este libro. En nuestra casa, las conversaciones eran interesantes e intencionadas. Siempre estaban llenas de historia, política, actualidad, una evaluación de los riesgos y peligros actuales, así como de cualquier cosa que fuera tendencia en la sociedad, positiva o negativamente. Recuerdo cuando Christa McAuliffe, uno de los siete tripulantes del transbordador espacial Challenger, murió al ir al espacio. Yo era una niña de la Guerra Fría. Recuerdo cuando cayó el Muro de Berlín a finales de los 80. Sé que muchos de los que leen este libro recuerdan exactamente dónde estaban cuando ocurrió el 11-S, y nosotros lo recordamos como si fuera ayer. Mi generación vivió el nacimiento de AOL, MySpace y, literalmente, Internet. Recuerdo la vida antes de que existieran los teléfonos móviles y los inalámbricos. Mi generación ha visto muchas cosas y, a través de todo ello, mis padres, aunque culturalmente muy ligados a su comunidad, me educaron para pensar activamente en las ramificaciones de todas estas cosas, para cuestionarlo todo. También me inculcaron el sentido de trabajar duro e invertir en nuestra ciudad y comunidad. "¿Qué vas a hacer? ¿Cómo vas a participar? ¿Qué significará?" eran algunas de las preguntas que siempre me hacían.

Nunca olvidaré las cenas nocturnas en nuestra casa bostoniana al estilo de los años 70, mientras se respiraba el humo de los cigarrillos de mi padre, que entonces ni siquiera era un problema. Esas discusiones sobre historia, política, actualidad, nuestras continuas evaluaciones sobre los riesgos y peligros actuales y las tendencias positivas y negativas de la sociedad evolucionaron a lo largo de los años 80, 90 y principios de los 2000. Fueron el telón de fondo de mi vida en el instituto. Me acompañaron en la universidad, en los estudios de posgrado, en mis prácticas y en la facultad de Derecho. Reflexioné sobre ellos mientras viajaba entre Boston y Nueva York, trabajando con gente de todo el mundo, en mi puesto de marketing y gestión para una revista de moda de alta gama. Y gracias a estas conmovedoras conversaciones acabé trabajando donde trabajo ahora, como CEO de Crime Stoppers of Houston.

Aunque siempre tuve claros mis intereses y mi visión del mundo era amplia, nunca quise vivir en otro lugar que no fuera la Costa Este, y desde luego nunca quise trabajar en el oscuro y a menudo aterrador mundo del "crimen." Pero la vida tiene su gracia. Me cortejaba un tejano que estaba haciendo la residencia en Boston. (Estábamos a punto de casarnos, pero la idea de mudarme a Texas me acobardó y rompí con él. Pero como le quería más que a Boston, la ruptura duró poco, y ahora como Tex-Mex y digo cosas como "y'all" sin pensar. Sin embargo, cuando llegué a Houston por primera vez y leí sobre la vacante en Crime Stoppers, en un principio no iba a presentar mi candidatura. El sitio web era horrible y el nombre, mediocre. Pero, como era nuevo en la zona y tenía ganas de participar en la comunidad de alguna manera, lo hice de todos modos. Crime Stoppers buscaba un "abogado con experiencia en marketing" y eso era lo que yo era, así que solicité el puesto, más interesada en el ejercicio de entrevistar en esta nueva y extranjera cultura "tejana" que en cualquier otra cosa. Nunca habría imaginado que saldría tan entusiasmada de la entrevista. (Nota al margen: el puesto era en realidad para unas prácticas que pagaban 10 dólares la hora). Estoy segura de que desde fuera parecía una locura que esta abogada, con un máster en terapia matrimonial y familiar, y una sólida experiencia laboral en Boston y Nueva York, aceptara trabajar como becaria, el peldaño más bajo de la escala profesional, incluso en una organización sin ánimo de lucro tan increíble de Houston. Muchos años después, ahora tengo el honor de dirigir esta organización, haciendo un trabajo que encuentro vital y satisfactorio, junto a personas a las que respeto y admiro tanto. Sigo sintiéndome profundamente orgullosa de servir a la gente de esta gran ciudad, de este estado y de otros lugares.

Cuando pienso en las valiosas conversaciones familiares de mi infancia, me resulta descorazonador que, en los tiempos que corren, las discusiones familiares pasen a menudo a un segundo plano en favor de los dispositivos y de navegar por las plataformas sociales. Estas conversaciones familiares que invitan a la reflexión, perspicaces y significativas son escasas y distantes entre sí, si es que tienen lugar. A los niños de hoy en día a menudo se les deja que se las arreglen solos, guiándose por famosos, personas influyentes y vídeos de TikTok que siguen en Internet. Pero a pesar de todos los cambios que se han producido a lo largo de los años, hay algo que no ha cambiado. Puedes poner a 100 personas en una habitación y descubrir que tienen 100 historias diferentes, intereses diferentes, hablan idiomas diferentes y tienen visiones diferentes de la vida. Aun así, de esas 100 personas, absolutamente el 100% estará de acuerdo en que la salud y la seguridad propias y de sus seres queridos se encuentran entre sus dos mayores preocupaciones. He descubierto que la falta de salud y seguridad nos pone de rodillas de forma poderosa, igualitaria y universal. Pienso en un aterrador diagnóstico de cáncer, en una adicción que roba la vida a un joven, en una madre asaltada mientras sus hijos observan impotentes, o en la joven que sufre un acoso implacable. Estos temas nivelan el terreno de juego, nos unen a todos y para mí despiertan un gran interés.

Nunca todas las lecciones y observaciones de mi vida se han cruzado en tiempo real con acontecimientos universales con tanta fuerza como en 2020. Creo que todos podemos estar de acuerdo en que 2020 tuvo un impacto tremendo en todas las facetas de nuestra sociedad, desde la pandemia mundial de Covid hasta la muerte de George Floyd, pasando por el movimiento de desfinanciación de la policía o la presión para que todos los niños se conecten solo virtualmente. Puedo afirmar sin exagerar que la salud y la seguridad no solo son prioridades mundiales, sino que, ahora más que nunca, se ven directamente afectadas por la historia, la política y la actualidad, y están directamente vinculadas a los riesgos y peligros actuales, y a las tendencias positivas y negativas de la sociedad.

Como observadora de estas realidades durante toda mi vida, sigo continuamente las causas y consecuencias de todo lo que ocurre a nuestro alrededor, fijándome específicamente en el nexo entre "vida y seguridad" y ofreciendo soluciones en los ámbitos que presentan más perjuicios, concretamente para los niños y las familias. Como un niño que cierra los ojos en la cama por la noche con la esperanza de que no le coja el "monstruo del saco", a menudo veo cómo los padres hacen lo mismo. Cierran los ojos a la realidad de lo que ocurre a su alrededor, fingiendo que así se alejarán ellos o sus hijos del daño potencial. Lo sé porque a menudo soy una de las primeras personas a las que llaman cuando la cruda realidad golpea y los padres se escandalizan de lo que ha ocurrido delante de sus narices. Trabajo duro a diario para proteger a los niños y a las familias, ya sea actuando en mi papel de Crime Stoppers o como madre preocupada e implicada. Trabajo con los padres para revelar falsas narrativas perjudiciales, de las que hablamos más adelante en este libro, y explicar los peligros de lo que puede ocurrir y ocurre en Internet. Me centro en soluciones reales que los padres puedan poner en práctica, que los niños puedan entender, con las que puedan estar de acuerdo y que puedan seguir.

Toda mi misión, y la de la organización para la que trabajo, es mantenerles a ti y a tus hijos, tus colegios y tus casas, tus negocios, tus comercios, parques, barrios y más, seguros de forma proactiva. Servimos a todos los hombres, mujeres, niños y animales de nuestra zona y, en última instancia, de la suya. En mi papel de líder, hablo con la gente todo el tiempo sobre sus preocupaciones. Escucho, leo e investigo constantemente. He escrito más de 200 artículos publicados sobre seguridad pública y he realizado innumerables entrevistas en los medios de comunicación sobre todos los aspectos de la seguridad familiar. Examino los mitos de la seguridad, las realidades de la delincuencia y cómo se interrelacionan con las tendencias actuales y, lamentablemente, con la creciente depravación de la sociedad. Me sorprende lo que veo ahora y hacia dónde nos dirigimos. Mucha gente construye muros inconscientemente para mantener el peligro a raya o para convencerse de que los peligros no están en sus vidas ni afectan a sus hijos, pero esa no es la realidad.

La premisa de este libro surge de haber estado "sobre el terreno" y de haber mantenido conversaciones sobre el terreno con niños y padres que, a veces, pueden parecer mundos aparte en cuestiones tan importantes y potencialmente peligrosas. Me he encontrado con padres que creen que sus hijos están seguros en Internet porque "viven en un buen barrio" o los envían a "los mejores colegios privados". Otros padres me dicen que saben que sus hijos están seguros en Internet porque "les han educado bien". Y aún hay otros que optan por lidiar con todo imponiendo restricciones sociales a sus hijos, como prohibirles cualquier tipo de relación en línea o en las redes sociales con sus compañeros. No lo recomiendo por varias razones. En primer lugar, es una forma de castigo social injusta para tu hijo. En segundo lugar, nueve de cada diez veces, tu hijo tendrá cuentas en Internet sin que tú lo sepas. (Sí, incluso tu hijo es capaz de hacerlo). Esto significa que navegan por estas plataformas extremadamente peligrosas y tóxicas completamente solos, sin ninguna guía o instrucción de nadie más que sus compañeros y los completos extraños que están en estas plataformas con ellos. Sí, aunque sean buenos chicos y tengan amigos estupendos, vayan a un buen colegio y aparentemente nunca te desobedezcan, cuando se trata del mundo online, la realidad es que... todo está perdido.

En este libro, vamos a abordar de lleno el tema del mundo online. Créeme, este libro lleva años gestándose. No es de extrañar que la mayoría de los libros, artículos, estudios y publicaciones expliquen por qué nuestros hijos no deberían conectarse a Internet ni jugar, porque los riesgos y peligros son abrumadores. Lo he leído todo y, por cierto, estoy de acuerdo. Pero también sé, después de hablar con los niños de hoy y teniendo en cuenta la realidad del mundo en que vivimos, que no conseguiremos mantener a los niños desconectados. Simplemente no lo conseguiremos. Así que tenemos que prepararlos y prepararnos. Juntos, tenemos que encontrar la manera de superar el maremágnum de plataformas, aplicaciones y tecnología en constante cambio para dar a nuestros hijos las herramientas necesarias para mantenerse seguros y sanos mientras se adentran en estas peligrosas aguas. Este es el trato: quiero a mis hijos y también quiero a los tuyos. Quiero a todos los niños y quiero mantenerlos a salvo. Cada día me levanto agradecida por las maravillas de la tecnología y, al mismo tiempo, trato de equilibrar los problemas tan importantes que la tecnología crea para los niños que queremos, que simplemente están tratando de llegar a la edad adulta.

Este libro preparará a las familias para entablar conversaciones relevantes que ayuden a los niños a navegar con seguridad por el mundo en línea en todas sus formas y abordará los medios sociales, la seguridad cibernética, los juegos, la transmisión digital y mucho más. El núcleo de este libro es mi estrategia de cuatro herramientas para ayudar a dar forma a la perspectiva de tu hijo y el enfoque de la forma en que se involucran en entornos en línea. Al final, ya no tendrás que jugar a "ponerte al día" con el mundo online mientras tu hijo te adelanta sin problemas. En lugar de eso, tendrás las herramientas y las bases necesarias para protegerlos de forma proactiva y a largo plazo, independientemente de dónde se conecten. En un mundo en el que debemos ser honestos y justos y reconocer el maravilloso valor del mundo digital, debemos hacer todo lo posible, sin anteojeras y con una determinación feroz, para proteger a nuestros hijos.

¿CÓMO LEER ESTE LIBRO?

A lo largo de los años que he imaginado este libro, me he dicho constantemente a mí misma y a mi editor: "Quiero que sea como un libro que sea de esos *Qué esperar cuando se está esperando*, pero en el ámbito del mundo online". Puede que a algunos les suene extraño, pero yo quería que fuera un recurso atemporal al que los padres pudieran volver una y otra vez. Algo que pudieran leer de principio a fin, o hojear para encontrar lo que fuera relevante en ese momento, o simplemente buscar por temas. Dicho esto, quiero darte permiso para que utilices este libro como mejor te parezca, como guía de referencia para educar a tus hijos en la era digital.

También quiero advertirte: Hay mucha información aquí, así que ¡abróchate el cinturón! A lo largo de este libro, encontrarás datos y estadísticas sorprendentes, recursos, ejercicios y preguntas para debatir con tu hijo adolescente/adolescente/niño mientras se enfrenta a la realidad del mundo online. Te recomiendo encarecidamente que primero leas todo el libro y subrayes o marques lo que más te llame la atención. A continuación, asegúrate de que tu copadre o cualquier otra figura de autoridad en la vida de tu hijo tenga también un ejemplar para que todos estén de acuerdo o, al menos, lo comprendan de la misma manera. Después de leer el libro, vuelve a leerlo con tu hijo y completa los ejercicios y las preguntas. En el capítulo 11, hay una guía de acción paso a paso que te guiará por cada ejercicio para que puedas crear un plan online inteligente que funcione para ti y tu familia.

FUNDAMENTOS SOBRE LAS COSAS ONLINE

CAPÍTULO 1

El niño bueno

Ningún padre quiere pensar que su hijo corre el riesgo de morir, pero lo cierto es que si su hijo utiliza un dispositivo, corre el riesgo de sufrir muchas cosas.

"Mi corazón está completamente destrozado y no sé cómo seguir respirando. Escribo esto ahora sólo para que no muera ni un niño más".

La madre de Sammy estaba sentada en el sofá. El cuerpo inmóvil de su hijo de 16 años yacía en el suelo de la habitación de su casa de los suburbios de California, donde se habían refugiado debido a la catástrofe de Covid-19. A duras penas podía escribir las palabras que quería. A duras penas podía escribir las palabras en su mensaje social del teléfono mientras sollozaba incontrolablemente, jadeando. Cada fibra de su ser estaba sumida en el dolor más atroz. Una madre radiante de tres niños prósperos, ahora una madre afligida de dos hijos, obligada a seguir un nuevo camino en la vida. Ese día cambió a su familia para siempre. Las redes sociales cambiaron a su familia para siempre.

¿Cómo podía estar pasando esto?

No estuve fuera mucho tiempo. No quería morir. Era un estudiante

Un estudiante con metas y sueños.

Era feliz, querido, inteligente, divertido y amable.

Tenía una gran familia con dos padres muy implicados.

Era un buen chico.

Hasta ese momento, había sido un día normal en casa de los Chapman; un día feliz. Laura, su marido Sam y dos de sus tres hijos, Sammy y Jackson, se preparaban para ver la Super Bowl LV ese domingo por la noche. El estado de California había estado bajo orden de bloqueo debido a Covid-19, pero Laura estaba decidida a aprovechar el tiempo al máximo. En su calidad de experta internacionalmente aclamada en el campo de la terapia sexual y de pareja, autora de bestsellers del New York Times, presentadora de radio galardonada, presentadora de podcasts y personalidad televisiva conocida por sus apariciones regulares en Today, Good Morning America y OWN Network, donde anteriormente presentaba su propio programa, la Dra. Laura Berman agradeció la oportunidad de pasar tiempo extra de conexión con su familia. Ese día tenía que hacer unos recados con su hijo pequeño, Jackson, pero antes de salir, su hijo mediano, Sammy, le dijo, "¡Oye, mamá! Cuando vuelvas, quiero hablar contigo sobre unas prácticas que me gustaría solicitar". Laura sonrió. "Claro, hijo. Podemos hablar cuando vuelva".

Sammy era un estudiante de sobresaliente; siempre buscando oportunidades y planeando su futuro. Laura y Sam estaban orgullosos de él, como lo están de todos sus hijos. Laura hacía sus recados, que siempre le llevaban más tiempo del previsto porque, incluso con una máscara, siempre había alguien que la reconocía o se paraba a charlar un minuto o dos. Al llegar a casa, se detuvo en el camino de entrada y entró con sus cosas. Jackson subió corriendo justo delante de ella, queriendo ver qué hacía Sammy. Empujó la puerta y gritó horrorizado. Jackson salió corriendo de la habitación de su hermano gritando: "¡Sammy está en el suelo!". Laura entró en su habitación y encontró a Sammy de espaldas, inconsciente, habiendo aspirado su propio vómito. Gritó a su marido, que vino corriendo e inmediatamente empezó a practicarle la reanimación cardiopulmonar mientras Laura llamaba frenéticamente al 911. Fue aterrador e impactante, la peor pesadilla de cualquier padre.

Los paramédicos llegaron e intentaron reanimarlo durante 30 minutos sin éxito. Era demasiado tarde. Lo que descubrirían en los minutos, horas y días siguientes me produjo escalofríos. Una vez más, Snapchat fue más astuto que otra familia. Sin que sus padres lo supieran, las redes sociales permitieron a Sammy conectar fácil y directamente con un traficante de drogas y un camello. Sin que Sammy lo supiera, lo que creía que había comprado no era en absoluto lo que acabó recibiendo. Con un clic aquí y otro allá, Sammy pidió una pastilla (presumiblemente Percocet o Xanax) y se la entregaron directamente en casa de Chapman (o muy cerca) por sólo 15 céntimos. El 7 de febrero de 2021, a la edad de 16 años, esa píldora de 15 céntimos mató a Sammy casi inmediatamente después de ingerirla.

La verdad es que, mezclada con fentanilo, Sammy -que no consumía drogas, un buen chico- no tenía ninguna posibilidad. Y sus padres, buenos padres, padres implicados, padres comprometidos, eran padres que, como muchos de nosotros, no eran conscientes de los graves pero muy reales peligros del mundo online.

Cuando los Chapman se sumergieron para saber más, hicieron otro descubrimiento. Las fuerzas del orden no podían acceder al teléfono de Sammy, ya que la compañía telefónica no revelaba la información personal de Sammy. Los mensajes de Snapchat ya habían desaparecido; sin embargo, uno de los amigos de Sammy tenía una captura de pantalla de Sammy. Era el menú de pastillas que vendía este vendedor de pastillas online. Snapchat no revelará la identidad del titular de la cuenta que entregó las drogas para proteger la privacidad del traficante de pastillas. Sólo cerrarán la cuenta, pero por desgracia, ese traficante volverá a aparecer con un nuevo nombre de cuenta, vendiendo más drogas y pastillas en un colorido menú a un número inimaginable de niños.

La historia de Sammy no es aislada. Todos los días, niños y adolescentes son contactados por camellos y traficantes de drogas que fingen vender pastillas conocidas como Tylenol, Adderall, Percocet o Xanax a chicos que podrían querer tomarlas por un montón de razones, ninguna de las cuales es "colocarse". Los adolescentes prosperan gracias a la curiosidad y están predispuestos a sobrepasar los límites. No les importa de dónde proceden las drogas ni si se han fabricado fuera del país o en el garaje de alguien. No entienden que nadie regula lo que contienen y que, de forma sorprendente y espantosa, el fentanilo se está introduciendo en un número abrumador de pastillas que se venden en la calle. Los niños no entienden que los traficantes de drogas utilizan Fentanyl en masa porque es altamente adictivo y barato de conseguir. Su objetivo es enganchar a un joven consumidor con una pastilla de 15 céntimos. Una vez enganchados, harán lo que haga falta para conseguir más, sin importar el precio. Los traficantes facilitan al máximo la entrega. Gracias al seguimiento por GPS que ofrecen la mayoría de las aplicaciones en línea, un traficante puede entregar la droga en la puerta de casa de un niño sin que nadie se entere. Por desgracia, cientos y cientos de niños mueren en el proceso, pero a los traficantes, por supuesto, les da igual.

Laura y Sam nunca imaginaron que su hijo corriera el riesgo de hacer algo que le pusiera en peligro. Le habían puesto límites al uso de las redes sociales y vigilaban a sus amigos. Era un buen chico con metas y sueños. Estaba en casa, en su habitación. "Lo último que piensas cuando tu hijo está arriba hablando con sus amigos en Snapchat es que va a encontrar a un traficante que le entregará drogas en tu casa", dice Laura.

Hoy, los Chapman son voces destacadas en la lucha por proteger a los niños en Internet. Se han informado sobre el aerosol nasal Narcan, un medicamento de venta libre que mitiga los síntomas de la sobredosis de opiáceos, e instan a que todos los hogares de Estados Unidos lo tengan a mano. Están trabajando en su petición #LetParentsProtect y abogan por que los servicios de control parental como BARK.us se permitan en todas las plataformas. Abogan por cambios legislativos y abren la puerta a conversaciones críticas.

Ningún padre quiere pensar que su hijo corre peligro de muerte, pero lo cierto es que si su hijo utiliza un dispositivo, corre el riesgo de sufrir muchas cosas. Y seamos honestos, incluso si no le has dado a tu hijo un dispositivo, es probable que tenga acceso a uno desde algún lugar; la escuela, los amigos, etc. Tus hijos están en peligro. Mis hijos están en peligro. En pocas palabras, todos los niños están en peligro. Lo que este libro hará es abrir la puerta a las conversaciones hacia la concienciación, el aprendizaje y el crecimiento, para que puedas convertir el espacio intangible y gris del mundo online en un territorio entendido y definido con límites. Una vez que lo desconocido se convierte en conocido, puedes colocar importantes y perennes guardarraíles alrededor de tu hijo que realmente podrían salvarle la vida.

PINTEMOS UN CUADRO

Preparar a tus hijos para el mundo online es crucial. Los niños no tienen ni idea de dónde se meten cuando se conectan a Internet, y la mayoría de los padres tampoco.

Pero echemos un vistazo a algunas cifras:

- La mayoría de nuestros hijos acceden al mundo online desde casa o desde la escuela, al menos el 77% de los niños de 11 a 14 años y el 85% de los de 15 a 18 (estas son cifras anteriores a COVID). Lamentablemente, no sólo la mayoría de los niños acceden al mundo en línea, sino que aproximadamente el 90% de ellos están expuestos a la pornografía a partir de los 8 años.[1]

- Además de acceder a Internet y ver pornografía, otro 77% de los jóvenes adultos de entre 15 y 25 años declararon que ya utilizan las redes sociales con regularidad para comprar drogas.[2]

- **Y he aquí una realidad aleccionadora**: La mayoría de los padres (72% en un estudio previo a COVID) afirmaron que, sinceramente, no tienen ni idea de lo que hacen sus hijos en Internet.[3] Esto solo significa una cosa: millones de niños y adolescentes navegan por el salvaje oeste del

---

1   Datos según el Centro Nacional de Estadísticas Educativas www. guardchild. com

2   https://journals.copmadrid.org/ejpalc/art/ejpalc2021a5

3   https://www.prnewswire.com/il/news-releases/jiminy-72-of-parents-have-no-idea-
what-their-children-are-doing-online-300789940.html

mundo en línea, un mundo en el que son superados a diario, prácticamente sin la orientación de sus padres. Padres, ¡debemos intervenir y cerrar la brecha!

Aunque los expertos están de acuerdo, yo incluido, en que las redes sociales, los juegos y la participación en línea tienen muchas consecuencias perjudiciales, también sabemos que, digan lo que digan los expertos o los padres, nuestros hijos seguirán en línea. Covid ha obligado a ello, la sociedad obliga a ello, las normas sociales lo esperan, y las posibilidades de que los preadolescentes o adolescentes de hoy en día den la espalda a todo esto porque "lo dicen los expertos" son escasas o nulas. Eso sí, ojalá pudiéramos trabajar todos juntos para animar colectivamente a todos los adolescentes a borrar Snapchat, TikTok, Instagram, OnlyFans u Omegle. También me gustaría que pudiéramos exigir que estas plataformas hicieran de la seguridad de nuestros hijos su prioridad número uno[4] y que la legislación se redactara desde la misma perspectiva, con consecuencias significativas cuando los niños son explotados, atacados y asesinados debido a su participación en línea. Pero en el momento de escribir estas líneas, no es así. Depende de nosotros, los padres, unirnos y exigirlo. Volvamos a nuestra realidad actual. Nuestros hijos

---

4   Mientras escribo estas líneas, una denunciante ha denunciado que Facebook e Instagram han realizado estudios internos que ponen de manifiesto el impacto negativo de sus plataformas en los jóvenes. Afirma además que esos estudios se ignoran y que no se realizan los ajustes adecuados en las plataformas porque eso afectaría a los resultados financieros de la empresa.

están en Internet y no están seguros. Si no les das un dispositivo, accederán a hurtadillas cuando no estés mirando. Por eso, debemos mantener abiertas las líneas de comunicación. También tenemos que darnos cuenta de que lo que creemos que ocurre con nuestros hijos y las redes sociales puede no ser realmente así. De hecho, probablemente no lo sea. No se están divirtiendo inofensivamente con sus amigos. Lo entiendo. Queremos creer lo mejor de nuestros hijos, pero debemos estar abiertos a aprender y crecer y comprender el poder de las influencias externas a las que se enfrentan. Tenemos que estar dispuestos a dejar de lado lo que creíamos saber sobre todo esto.

PERO PRIMERO, ¡ACURRUQUÉMONOS!

Antes de adentrarnos más en la madriguera del mundo online, tengo una "petición" muy grande para ti como padre. Por favor, tómate unos minutos para analizarte a ti mismo y a tu forma de criar a los hijos y piensa en cómo afecta al uso que hacen tus hijos de los medios de comunicación y, por tanto, a su seguridad en Internet en general. Hay un viejo proverbio africano que oímos mucho en los círculos sociales y políticos actuales: "Hace falta un pueblo". Necesitamos una comunidad de personas para ayudar a criar niños bien adaptados. Pero antes de hablar de los "aldeanos" que rodean a tus hijos en el mundo online, es fundamental que los principales cuidadores de tu hijo estén de acuerdo. ¿Quién más participa en la vida de tu hijo? ¿Está soltero, casado, divorciado o saliendo con alguien? ¿Hay algún mentor, entrenador, profesor o familiar implicado en su supervisión? Es de suma importancia que los otros cuidadores conozcan y estén de acuerdo con el plan estratégico para la navegación en línea de tu hijo, y que estén en la misma página que tú y tu hijo. Créeme, es mucho más fácil de lo que crees. Y sí, al final de este libro, ¡tendrás un plan estratégico!

CONSIDERACIONES PARA LOS PADRES:

En primer lugar, considera tu propio estilo de crianza y tu enfoque del mundo online con tus hijos. ¿Qué es lo que más se parece a ti?

- ¿**Prohíbes** las redes sociales y el uso de Internet a sus hijos? ¿Incluye esto los juegos?

- ¿**Vigilas** lo que hacen tus hijos en Internet, pero te das cuenta de que probablemente no sabes si tienen cuentas falsas o si están en plataformas que desconoces?

- ¿**Sabes** que tus hijos están en Internet pero confías en que son buenos chicos y tomarán las decisiones correctas?

- ¿Estás **abrumado** por todo esto y no sabes cómo manejarlo?

- ¿Crees que el mundo online de sus hijos es su **espacio privado** y que, por tanto, no estaría bien que tú te metiera en él?

Ahora que ya has pensado en tu propio estilo, pregúntale a tu copadre. ¿Tienen el mismo estilo? ¿Tienen estilos diferentes? ¿Y qué hay de los otros mentores en la vida de tu hijo? ¿Cuál es su opinión sobre el tema? Y lo que es más importante, ¿están de acuerdo con tu estilo? Antes de sentar las bases de lo que vamos a hacer, debemos analizar con honestidad nuestra propia perspectiva. Este es un primer paso fundamental. Tienes que conocer la perspectiva y el estilo de todas las personas que toman decisiones por tu hijo. Aunque animo encarecidamente a todos los cuidadores a que se pongan de acuerdo en cuanto a su enfoque del mundo en línea, diré que, independientemente de su enfoque, este libro tiene herramientas para todos ustedes. Te prometo que tendrás un plan y habrás movido montañas en lo que respecta a la seguridad de tus preadolescentes y adolescentes en Internet.

ACABANDO CON LOS MITOS

Ahora, echemos un vistazo a algunos mitos populares que encuentro cuando hablo con los padres de forma regular. No se juzga a los padres por su procedencia. No sabemos lo que no sabemos. Pero si te has creído alguno de estos mitos o has tomado decisiones basándote en ellos, por favor, ten en cuenta lo que estoy compartiendo y estate dispuesto a ajustar tu perspectiva por la seguridad de tus seres queridos. El mundo online no se parece en nada al mundo en el que vivimos. Los lugares lejanos y oscuros del mundo online se preocupan poco por tu encantador vecindario. Los algoritmos tóxicos y la composición adictiva de estas plataformas tienen cero interés en tus cenas familiares o eventos deportivos juveniles. La secreta y potencialmente muy peligrosa comunidad online que tendrá acceso a tu hijo se nutre de que te apoyes en estos mitos.

MITO Nº 1: "ESO NUNCA LE PASARÁ A MI HIJO".

Alguna vez has pensado...

¡Mi hijo sabe más!

¡Pero si tengo unos hijos estupendos!

Vivo en el mejor barrio y van a los mejores colegios.

¡Tenemos una gran familia!

Mi hijo está en el cuadro de honor.

Tienen un gran grupo de amigos.

Les he hablado del ciberacoso.

Les he dicho que no envíen fotos inapropiadas.

Van a la universidad de sus sueños.

Han entrado en el equipo deportivo de sus sueños.

Permítanme preguntarles lo siguiente: Aunque lo anterior fuera cierto, ¿te plantearías alguna vez subir a tu hijo a un avión y enviarlo solo a un país extranjero? ¿Un país del que no saben nada, del que no conocen el idioma, del que no saben qué esperar, del que no conocen los peligros, del que no saben cómo desplazarse, del que no saben dónde alojarse, del que no saben cómo ponerse en contacto contigo... y que, además, está lleno de delincuentes, violadores, traficantes de drogas y pornografía? ¿Los enviarías allí porque tu hijo quiere ir a una gran fiesta con sus amigos... sin ninguna supervisión?

Por supuesto que no. Y aunque parezca un ejemplo extremo. Pero adivina qué mamá y papá, en realidad no es tan extremo. En cierto modo, eso es exactamente lo que ocurre cuando le das a tu hijo un dispositivo o le das acceso al mundo online sin preparación. Están expuestos a todo tipo de peligros reales que nunca podrías imaginar. Sienten la tentación de hacer cosas que están completamente fuera de su carácter. Las presiones sociales combinadas con el bombardeo de tentaciones pueden hacer que cualquiera haga cosas para las que no fue educado y que normalmente no haría. En este sentido, hay un reality show en Netflix, The Push, que explora hasta qué punto las presiones sociales pueden empujar a alguien. Sorprendentemente, con pequeños empujones a lo largo del tiempo, una persona puede ser empujada a hacer casi cualquier cosa. Nuestros niños vulnerables están siendo profundamente influenciados por el mundo en línea, más de lo que están siendo influenciados por el mundo fuera de línea. Todos los niños, incluso los mejores, son presa fácil en las innumerables plataformas de Internet. Incluida la mía. Aquí estoy yo, director general de una de las mayores organizaciones sin ánimo de lucro de seguridad pública, y hablo a diario con mis hijos sobre el mundo online. Pero incluso a mí me sorprendió lo que pasó un día al recogerlos del colegio.

"Mami, mami, ¿quieres oír la nueva versión de 'Mary Had a Little Lamb'? Todo el mundo la estaba cantando hoy en el recreo y es muy graciosa". Mi hija de nueve años sonreía mientras subía al coche en el trayecto compartido. "Claro", le dije. le dije. "Estoy impaciente". Reflejando su entusiasmo. Recitó:

María tenía un corderito
Pop pop bam
El cordero está muerto
Lo publicó en Instagram
Consiguió muchos likes

Nueve años de edad.

No está en ninguna red social.

Cuarto curso.

Buena escuela (no es que importe).

Buen barrio (no es que importe).

En una comunidad de familias estupendas (no es que importe).

Profesores atentos (no es que importe).

Un típico recreo de viernes.

Esta nueva versión de "María tenía un corderito" representa mucho de lo que sabemos que está mal en el mundo de las redes sociales, compartido a una edad tan temprana con niños pequeños e impresionables. Pero también demuestra que es una realidad que no podemos ignorar. La violencia y la apatía general hacia el valor y el carácter sagrado de la vida -y el intercambio por la mercancía de los "cada vez más jóvenes.

Cuando un niño se ve expuesto al mundo online, se produce una culminación de muchos factores que va intrínsecamente más allá de su madurez de desarrollo. Los absorbe en un patrón climático más fuerte que ellos, más avanzado que ellos, y para el que son mental, física y emocionalmente demasiado débiles para navegar. Internet le robará la inocencia a tu hijo. Sin duda, estarán expuestos a cosas que son demasiado jóvenes para ver, estarán en contacto con personas que son demasiado jóvenes para manejar, y recibirán peticiones y respuestas que son demasiado jóvenes para entender. Y, sin embargo, la mayoría de los niños seguirán estando en línea, y la mayoría de los padres se lo permitirán, simplemente porque no comprenden del todo los peligros o cómo gestionarlos, y lo achacan a la "forma actual del mundo".

MITO Nº 2: "MANTENDRÉ A MI HIJO A SALVO MANTENIÉNDOLO ALEJADO DE INTERNET".

Lo entiendo y lo respeto, pero esta es la verdad: por cada diez familias que conozco que prohíben a sus hijos conectarse a Internet, nueve de ellas tienen hijos que se conectan de todos modos, sin que los padres lo sepan y, por tanto, sin ningún tipo de supervisión. Sabemos que casi todos los niños hacen cosas a espaldas de sus padres. Piénsalo, seguro que tú lo hiciste cuando eras adolescente. El problema es que ahora las opciones son mucho más peligrosas; tu hijo no tiene que salir de casa para participar.

He aquí el otro problema: los niños están más avanzados que sus padres en lo que a tecnología se refiere. También encontrarán formas de conectarse a Internet, entre otras cosas:

- Conectarse cuando no estás con ellos

- Conectarse a través de aparatos ajenos (amigos, primos, abuelos, aparatos del colegio).

- Conectarse a través de Internet y no de aplicaciones

He hablado con innumerables padres que hacen "comprobaciones de móviles" para asegurarse de que aplicaciones como Snapchat, Instagram, etc. no están en los teléfonos de sus hijos. A menudo pregunto: "¿Cómo sabes que tus hijos no están participando en estas plataformas a través de la anticuada World Wide Web? O, ¿cómo sabes que tu hijo no está instalando y borrando estas apps a diario?". "Instalar y borrar" nos parece una auténtica pesadilla, pero para ellos es un clic aquí, un clic allá… dos segundos de tiempo.

Tenemos que saber esto: Sus cuentas, si se crearon, siguen existiendo a menos que se "desactiven" realmente. El nombre de usuario y la contraseña siguen funcionando, con o sin una miniatura de la aplicación en su pantalla de inicio. **Estas son algunas de las astucias que hacen nuestros pequeños para acceder sin que los padres lo sepan**: Un estudio realizado por McAfee entre 2.017 personas reveló que el 70% de los adolescentes ocultan a sus padres su comportamiento en Internet.[5] ¿Cómo?

- El 53% borra el historial de su navegador.

- El 34% oculta o borra mensajes instantáneos o vídeos.

- El 21% utiliza un dispositivo móvil con conexión a Internet.

- El 20% utiliza la configuración de privacidad para que sólo sus amigos puedan ver el contenido.

- El 20% utiliza modos de navegación privada.

Verdad: Nunca (o casi nunca) seremos más listos que nuestros adolescentes y preadolescentes en lo que se refiere a la tecnología y el mundo online. Así que, aunque creemos normas familiares fundamentales y necesarias, y tratemos de aprender todo lo que podamos sobre el siempre cambiante mundo online, una estrategia mejor y más duradera es conseguir que los niños se convenzan de lo que tienen que hacer para estar seguros en Internet.

---

5   https://www.cnn.com/2012/06/25/tech/web/mcafee-teen-online-survey/index.html

MITO Nº 3: "MI HIJO ESTÁ SEGURO PORQUE SUS CUENTAS ESTÁN CONFIGURADAS COMO PRIVADAS".

Este es un gran error y no tiene en cuenta una de las prácticas más comunes de los depredadores. Una vez que un depredador encuentra un objetivo, hará lo que tenga que hacer para captarlo, y será paciente. Si la cuenta del objetivo es privada, es señal de que este niño es más reflexivo sobre con quién se conecta, por lo que el depredador invertirá tiempo en investigar y formar relaciones con otras personas que conozcan a tu hijo. Encontrará conexiones en la escuela, el trabajo, dentro de las actividades extraescolares... y pasará semanas o meses conectando con otros amigos de tu hijo para que, cuando finalmente solicite conectar con él, haya pasado de "cero amigos en común" a muchos. Como resultado, es más probable que tu hijo acepte la solicitud sin dudarlo. Te preguntarás: "¿Cómo podría saber un depredador quiénes son los amigos de mi hijo (si su cuenta es privada?) o a qué colegio o actividades se dedica?". Es fácil. Los desconocidos se fían de las publicaciones caprichosas de otros jóvenes del círculo que rodea a tu hijo, pero también, se fijan en ti. Se llama "sharenting" y se utiliza cuando los padres comparten información sobre sus hijos en Internet. Piensa en todos esos padres que publican cada año propagandas sobre la "vuelta al cole" o comparten detalles sobre cada partido, premio y cumpleaños. Nuestras publicaciones sociales afectan a la privacidad y la seguridad de nuestros hijos.

Un estudio de 2010 reveló que, cuando un niño tiene dos años, el 93% ya tiene una fuerte presencia en Internet. Sus fotos, fecha de nacimiento, características corporales (alto, bajo, rubio, pecoso, etc.), personalidad, gustos y aversiones, preescolar o escuela, aficiones favoritas y actividades, todo ha sido compartido por nosotros, los padres. Aunque me encanta que mis queridos amigos compartan bonitos hitos relacionados con sus hijos, debemos recordar que todo esto elude la privacidad que todos esperamos que nuestros hijos puedan tener en Internet. Configurar las cuentas como privadas ofrece cierto nivel de protección, pero es sólo el primer paso para garantizar la seguridad de nuestros hijos. Ese muro imaginario se rompe fácilmente, y a diario. En cuanto aceptan solicitudes de conexión de personas desconocidas para ellos en la vida real (pensemos en "amigos de amigos" o en gente que no conocen pero con la que han jugado), han abierto la puerta de su espacio "privado", mitigando su seguridad. Una triste realidad es que la mayoría de los niños ya han hecho esto.

Además, el peligro puede surgir dentro de su propia comunidad, cuando un amigo hoy se convierte en archienemigo mañana. Entre las chicas que sufrían ciberacoso, el riesgo de acoso era siete veces mayor entre los amigos o compañeros sentimentales actuales o anteriores.[6] Aunque esa persona haya sido eliminada o bloqueada con el tiempo,

---

6   https://www.cbsnews.com/news/teen-cyberbullying-more-likely-from-friends-via- social-media-and-texts/

sigue teniendo acceso a las publicaciones anteriores de tu hijo. El contenido puede ser y será tomado, controlado, utilizado y manipulado por otros que ya no tienen nuestras mejores intenciones.

MITO Nº 4: "MI HIJO ESTÁ SEGURO PORQUE YO ESTOY INVOLUCRADO. SIGO SUS CUENTAS Y CONTROLO SU ACTIVIDAD".

Para aquellos padres que piensan que lo tienen todo cubierto porque siguen las cuentas de sus hijos, necesito que sepas que si los niños no quieren que veas lo que publican, encontrarán la manera de publicarlo sin que te enteres. Tu presencia en una plataforma simplemente significa que se esforzarán por publicar en sus otras plataformas. Por ejemplo, una estrategia de los chicos es tener "cuentas finsta" (cuentas falsas de Instagram) específicamente por esta razón. Con el tiempo, su cuenta finsta se convierte en su cuenta "rinsta" (cuenta real de Instagram) porque será donde sus amigos realmente les sigan y compartan todo lo que realmente quieren compartir. Además, algunos chicos simplemente seguirán publicando lo que quieran pero te bloquearán activamente para que no veas el contenido. Las plataformas les dan esta capacidad, y los chicos la usan inteligentemente. Pero no te preocupes. Estás en el lugar adecuado. En este libro se trata de llegar a la raíz de estos problemas y ofrecer soluciones perennes. Un niño que entiende que no intentas limitarle, sino protegerle de los peligros, estará más dispuesto a abrirse y a colaborar contigo.

MITO Nº 5: "MI HIJO ES UN INDIVIDUO QUE MERECE SU PRIVACIDAD ONLINE".

Esperemos que este mito ya haya empezado a deshacerse, pero los padres me dicen todo el tiempo que quieren respetar la privacidad individual de sus hijos. Por favor, entiende que el mundo online de tu hijo es tan privado como una casa de cristal en medio de Times Square. Si tu hijo quiere tener privacidad para compartir sus pensamientos y sentimientos, o un lugar donde anotar sus preocupaciones, esperanzas, enamoramientos o sueños y expresarse, cómprale un diario para que lo guarde debajo de la cama con un bonito candado y llave. Eso es privado. Sin embargo, tanto tú como ellos deben aceptar que nada en Internet puede considerarse privado. Nada. Cuando los niños comparten y se emocionan en Internet, pueden pensar que sólo están "apoyándose en sus amigos", pero es como tirar sangre al agua para los tiburones. Los depredadores buscan a los niños que expresan emociones en Internet porque saben que los niños emocionalmente vulnerables son un blanco fácil. Los niños que comparten contenido personal en sus teléfonos con amigos o contactos, normalmente desconocidos para ellos y para ti, se están exponiendo a posibles daños desastrosos.

Recuerda que el smartphone de tu hijo le da acceso a todo el mundo y, al mismo tiempo, el mundo entero tiene acceso a tu hijo. No es un lugar para la privacidad, y nosotros, como padres, estamos mitigando nuestras responsabilidades cuando ignoramos esta realidad. Volviendo a mi ejemplo inicial y un tanto extremo, no implicarse en la actividad online de tu hijo es como dejarlo solo y desprevenido en un país extranjero.

MITO Nº 6: "ESTOY SEGURO DE QUE LAS PLATAFORMAS DE CONTENIDOS DIGITALES (REDES SOCIALES Y OTRAS) CUENTAN CON SALVAGUARDAS PARA PROTEGER A LOS NIÑOS, ASÍ QUE NO TENGO POR QUÉ PREOCUPARME".

Ojalá este mito fuera cierto, pero por desgracia, estas empresas atienden a los "globos oculares" y a las "cuentas de resultados". Lamentablemente, el bienestar de nuestros hijos es el precio que se paga por todo ello. En primer lugar, el requisito de edad para descargar aplicaciones con restricciones de edad se puede frustrar fácilmente cambiando la fecha de nacimiento, algo que los niños hacen todo el tiempo. Literalmente, no hay salvaguardas ni redundancias que impidan que un preadolescente menor de 13 años tenga su propia cuenta de Instagram o TikTok y consuma cualquier tipo de contenido. En segundo lugar, el Wall Street Journal acaba de publicar un estudio que demuestra que los algoritmos integrados en TikTok ofrecen contenidos peligrosos al usuario, independientemente de su edad. En su investigación, un "usuario de 13 años" buscó el término OnlyFans e inmediatamente pudo acceder a contenidos pornográficos.[7] Tras la búsqueda, la página "ForYou" del usuario de 13 años en TikTok empezó a enviar al adolescente una serie de vídeos de contenido sexual. Al final, 569 vídeos sobre el consumo de drogas, incluidas referencias a la adicción a la cocaína y la metanfetamina, así como vídeos promocionales de la venta en línea de productos de drogadicción, fueron enviados a las cuentas del usuario de 13 años en su investigación. Además, más de 100 vídeos promocionando sitios pornográficos y sex shops desde cuentas etiquetadas como "sólo para adultos" también fueron enviados a la cuenta del joven adolescente. La respuesta de TikTok reveló que la empresa no diferencia entre vídeos enviados a adultos y a niños, lo que significa que mientras estés en la plataforma y busques contenido, sus algoritmos se esforzarán por facilitarte el acceso a ese contenido en el futuro buscándolo y enviándolo automáticamente, independientemente de la edad. Y en tercer lugar, en octubre de 2021, un denunciante de Facebook testificó ante el Congreso informando de que Facebook rutinariamente elegía el beneficio sobre la seguridad a pesar de que la mega aplicación tenía datos que mostraban que ciertos aspectos de la plataforma eran perjudiciales. ¿Por qué hacen esto? Como he dicho antes, se trata de ojos y dinero. ¿Cómo se salen con la suya? El artículo 230 de la Ley de Decencia en las Comunicaciones exime de responsabilidad

---

7   https://www.wsj.com/articles/tiktok-algorithm-sex-drugs-minors-11631052944?mod=hp_lead_pos5

a las empresas digitales, por ahora. Hay muchas cosas que tienen que cambiar.

MITO Nº 7: "ES DEMASIADO PARA ESTAR AL DÍA. LOS NIÑOS HARÁN LO QUE QUIERAN".

Vale, quizá no sea del todo un mito. Pero la idea de que no se puede hacer nada al respecto es un mito. Algunos padres apartan la mirada de la tecnología y de lo que hacen sus hijos en Internet porque les parece demasiado abrumador. Muchos de nosotros apenas podemos seguir el ritmo de nuestras propias cuentas sociales, por no hablar de vigilar y seguir a nuestro hijo, o dos, o tres, o cuatro (o más) hijos. Pero precisamente por eso he creado este libro. Por el bien de nuestros hijos, tenemos que hacerlo. Una vez que conozcas las cuatro herramientas, podrás hablar de ellas y establecer límites en familia. No tienes por qué estar al día de todas y cada una de las nuevas aplicaciones o jerga social que existen. Además, debemos confiar en las herramientas creadas para ayudar a los padres: los programas de control parental de inteligencia artificial como "BARK" pueden servir de apoyo. La cuestión es que, juntos, enseñaremos a nuestros hijos principios perennes que se aplican a todas las plataformas, y existen herramientas adicionales para ayudarles. Tú puedes hacerlo. Te lo prometo. Lo haremos juntos.

También me doy cuenta de que esto puede parecer como una manguera de fuego de la información y estamos sólo en el primer capítulo. Te he pedido mucho como padre. Te he invitado a que te abras y confíes en mí, un completo desconocido a todos los efectos, y también a que estés dispuesto a admitir que lo que has pensado puede estar equivocado, y que la forma en que te has acercado a tus hijos y al mundo online puede tener que cambiar. Ser padres no es para los débiles de corazón. La crianza de los hijos en la era digital es compleja "al siguiente nivel", por lo que te felicito por emprender este viaje conmigo en nombre de tu hijo y tu familia. Te prometo que no te arrepentirás. Y aunque tu mente puede ser volado como seguimos cavando más profundo, vamos a poner todo de nuevo juntos antes de que hayamos terminado. Así que respira hondo, tómate un café, un té o la bebida que prefieras y pasemos al siguiente capítulo, en el que exploraremos el mundo interior de tu hijo. Sí, hay una explicación perfectamente lógica de por qué tu hijo, y todos los niños, se salen de sus casillas a veces.

El mundo interior en desarrollo de tu hijo

Dado que los centros emocionales profundos del cerebro están "secuestrando el barco" en esta fase, no debería confiarse en su buena capacidad de decisión como norma.

No es ningún secreto que los niños atraviesan importantes etapas de desarrollo al mismo tiempo que navegan por el mundo online. La adolescencia es una época enorme de crecimiento y cambio. Nuestros hijos experimentan cambios físicos, mentales, emocionales y sociales. Desde el punto de vista cognitivo, empiezan a pensar en abstracto, a hacerse preguntas, a pensar a largo plazo y a sentir empatía por los demás. También pasan de depender totalmente de ti a ser independientes. El camino no es necesariamente fácil. Los niños están predispuestos a alejarse de sus padres durante esta etapa, pero siguen anhelando y necesitando desesperadamente la seguridad de unos límites afectuosos y la orientación que sólo los padres y cuidadores pueden proporcionarles.

Los investigadores sugieren que la mayoría de estos cambios se producen en tres etapas principales del desarrollo de la adolescencia y la juventud: adolescencia temprana, adolescencia media y adolescencia tardía/juventud adulta. Aunque dentro de esos años hay muchos cambios en el desarrollo en los que podríamos centrarnos. Me gustaría centrarme en dos: la pubertad y el desarrollo cerebral.[8] El comienzo de la adolescencia se produce en torno al inicio de la pubertad. Está marcada por cambios drásticos en los niveles hormonales y en las características físicas, incluido un rápido crecimiento físico, cambios en la estructura facial y la aparición de características sexuales secundarias. Por término medio, las niñas comienzan la pubertad entre los 8 y los 11 años y los niños entre los 10 y los 13 años. Incluso un niño maduro, que haya pasado por la pubertad antes de tiempo o que parezca socialmente más responsable que los demás, tomará decisiones imprudentes durante esta época. Todos los niños lo hacen. ¿Tú no? Y si hay alguna historia de tu pasado que te sientas cómodo compartiendo con tus hijos, por favor, hazlo. Les ayudará mucho a comprender su propio desarrollo.

Es fundamental saber que, durante la pubertad, el niño no sólo se enfrenta a cambios físicos. Se producen enormes cambios emocionales y problemas de autoestima. Por ejemplo, un estudio reveló que, cuando llega la pubertad, se produce un fuerte descenso de la confianza, lo que afecta negativamente a la personalidad. Entre los 8 y los 14 años,

---

8   https://www.theatlantic.com/family/archive/2018/09/puberty-girls-confidence/563804/

el "índice de confianza" desciende tanto en las chicas como en los chicos, pero el descenso más significativo se registró en las chicas, que mostraron una disminución del 30%. ¿Te imaginas lo que les supone navegar por el mundo online durante esta época?

Aunque el cuerpo experimenta cambios físicos a partir de los ocho años en las niñas y de los diez en los niños, también se está produciendo un desarrollo crítico del cerebro. Sobre todo, quiero llamar la atención sobre la zona del cerebro llamada córtex prefrontal. Es la parte del cerebro que supervisa el control de los impulsos, la planificación y la orientación hacia el futuro, es decir, la capacidad de considerar las consecuencias. Mientras está en estado de desarrollo, esta parte del cerebro hace que los niños respondan más a las recompensas que a los castigos. Así, un niño púber tomará decisiones que le parezcan una buena idea en el momento, basándose en una recompensa percibida, sin considerar lo que ocurrirá como resultado. Si se les pregunta por qué han hecho lo que han hecho, dirán: "¡No lo sé!", y no mienten. Se dejan llevar por los impulsos. Así que, mientras físicamente se desarrollan para parecer adultos, su desarrollo psicosocial, cognitivo y social (que les ayuda a autorregularse), se desarrolla a un ritmo mucho más lento y sigue desarrollándose hasta mediados de los 20 años. Estos cambios profundamente arraigados explican por qué muchos adolescentes buscan emociones, infringen las normas y parecen indiferentes ante su propia seguridad. Y, lo que es más importante para los fines de este libro, la desconexión entre lo que un adolescente o preadolescente siente físicamente, lo que procesa cognitivamente y lo que siente emocionalmente se vuelve realmente crítica cuando se enfrenta a las complejidades del mundo online. Pero hay aún más en este periodo de desarrollo físico y cerebral de lo que debemos ser conscientes, especialmente cuando pensamos en preadolescentes y adolescentes (e incluso adultos jóvenes) que sustituyen tanto tiempo con la tecnología.

Mientras el cuerpo experimenta cambios físicos a partir de los ocho años en las niñas y de los diez en los niños, también se produce un desarrollo crítico del cerebro. Sobre todo, quiero llamar la atención sobre la zona del cerebro llamada corteza prefrontal. Es la parte del cerebro que supervisa el control de los impulsos, la planificación y la orientación hacia el futuro, es decir, la capacidad de considerar las consecuencias. Mientras está en estado de desarrollo, esta parte del cerebro hace que los niños respondan más a las recompensas que a los castigos. Así, un niño púber tomará decisiones que le parezcan una buena idea en el momento, basándose en una recompensa percibida, sin considerar lo que ocurrirá como resultado. Si se les pregunta por qué han hecho lo que han hecho, dirán: "¡No lo sé!", y no mienten. Se dejan llevar por los impulsos. Así, mientras que físicamente se están desarrollando para parecer adultos, su desarrollo psicosocial, cognitivo y social (que les ayuda a autorregularse), se está desarrollando a un ritmo mucho más lento y continúa desarrollándose hasta mediados de los 20 años. Estos cambios profundamente arraigados explican por qué muchos adolescentes buscan emociones, infringen las normas y parecen indiferentes ante su propia seguridad. Y, lo que es más importante para los fines de este libro, la desconexión entre lo que un adolescente o preadolescente siente físicamente, lo que procesa cognitivamente y lo que siente emocionalmente se vuelve realmente crítica cuando se enfrenta a las complejidades del mundo online. Pero hay aún más en este periodo de desarrollo físico y cerebral de lo que debemos ser conscientes, especialmente cuando pensamos en preadolescentes y adolescentes (e incluso adultos jóvenes) que sustituyen tanto tiempo con la tecnología.

COEFICIENTE INTELECTUAL, PODA Y RETRASOS EN EL DESARROLLO

Los científicos saben ahora que los cambios estructurales en el cerebro de un adolescente afectan a las decisiones que tomará, así como, potencialmente, a su coeficiente intelectual con el paso del tiempo. Además, es interesante observar que existen vías reales en el cerebro que, cuando no se utilizan con el tiempo, ¡se podan! No sé a ustedes, pero a mí me parece increíble. Los niños que pasan horas con aparatos y dejan de lado cosas como el pensamiento crítico y la lectura podrían estar limitando el uso de esas habilidades en el futuro. Sabiendo esto, les haríamos un buen servicio si pudiéramos sustituir parte del tiempo en línea por tiempo de calidad leyendo, creando, jugando y disfrutando del tiempo al aire libre.[9]

El alejamiento cultural de hábitos saludables como el movimiento físico, el tacto, la conexión humana y la naturaleza[10], en favor de una vida centrada en la tecnología, ha afectado negativamente a nuestros hijos pequeños. En la última década se ha producido un aumento sin precedentes de las derivaciones a terapeutas ocupacionales por retrasos en la escritura y la lectura, dificultades de atención y aprendizaje, y problemas de conducta significativos en los niños. Sabiendo lo que sabemos, padres y madres, es nuestra responsabilidad crear un equilibrio para nuestros hijos en crecimiento. Aunque no podemos eliminar toda la tecnología, tampoco podemos permitir que ésta sustituya a los estimulantes naturales que el mundo proporciona para favorecer un desarrollo saludable.

DESARROLLO CEREBRAL, EMOCIONES Y TOMA DE DECISIONES

El modo en que las distintas regiones del cerebro "hablan" entre sí en los adolescentes puede explicar su comportamiento, a veces confuso. Los adolescentes tienen la capacidad de tomar decisiones rápidas, eficaces y correctas, lo que nos lleva a confiar en ellos. Sin embargo, los centros emocionales profundos del cerebro están "secuestrando el barco" en esta

---

9   https://www.youtube.com/watch?v=MHs7vlcwRXY

10   http://www.sensomotorische-integratie.nl/CrisRowan.pdf

etapa, por lo que su buena capacidad para tomar decisiones no debe considerarse la norma. Aunque los científicos suelen referirse al cerebro adolescente entre los 13 y los 17 años, muchos de nosotros observamos las decisiones de nuestros veinteañeros y nos rascamos la cabeza.

He aquí por qué: El córtex prefrontal y sus conexiones con otras áreas del cerebro no se desarrollan plenamente hasta los 25 años. Recordemos también que, en el caso de nuestros preadolescentes y adolescentes, varias estructuras profundas del cerebro se ven influidas por los cambios hormonales asociados a la pubertad, que conducen a un aumento de las emociones, a la toma de decisiones impulsivas y a centrarse mucho en las recompensas. Sorpresa. Si sumamos todo esto, podemos ver claramente motivos de preocupación cuando un niño se enfrenta a decisiones complicadas en el mundo online.

DESARROLLO CEREBRAL Y HÁBITOS

Los adolescentes aprenden rápido, ya que sus cerebros aún están en desarrollo (¿te has fijado alguna vez en lo rápido que una mente joven puede aprender un idioma?). Pero todo esto significa que, lamentablemente, pueden volverse adictos más rápido, durante más tiempo y con más fuerza[11] porque la adicción está relacionada con el aprendizaje y la memoria. Esto también explica por qué tantos preadolescentes y

---

11 Dr.FrancesJensen,https://thechart.blogs.cnn.com/2011/04/22/tedmed-young- brains-autism-and-epilepsy/

adolescentes son literalmente incapaces de soltar sus aparatos. De hecho, un estudio muestra que más del 54% de los adolescentes estadounidenses creen que pasan demasiado tiempo con sus teléfonos. Muchos están estudiando el mundo de la adicción a la tecnología.[12]

Conscientes de la importancia de los cambios físicos y emocionales que se producen durante la pubertad y de los problemas de toma de decisiones y control de impulsos relacionados con el desarrollo del cerebro, los mejores investigadores recurren a la resonancia magnética funcional para controlar el desarrollo del cerebro y estudiar la actividad cerebral específicamente durante esta etapa. Padres y cuidadores, si no acaban de entender a su hijo adolescente, pueden estar seguros de que están en buena compañía. Uno de los mensajes más importantes que se desprenden de todo este "material científico" es que durante una época en la que se están desarrollando partes fundamentales del cerebro y la personalidad de nuestros hijos, éstos también son extremadamente sensibles a las recompensas y buscan encontrarlas en cualquier situación o actividad, si no en todas. Y esto es lo que todos los padres y cuidadores deben entender: Ese impulso innato de "recompensa" tiene un significado, una importancia y un impacto mucho mayores en el mundo online; por eso es tan importante comprender el nexo entre el

---

12 https://www.pewresearch.org/fact-tank/2019/08/23/most-u-s-teens-who-use- cellphones-do-it-to-pass-time-connect-with-others-learn-new-things/

"uso online" y el cerebro en desarrollo de los preadolescentes y adolescentes.

EL PODER DEL SISTEMA DE RECOMPENSAS Y LAS AMENAZAS EN LÍNEA

¿Qué es una recompensa? Una recompensa es cualquier tipo de recompensa por un comportamiento, ya sea una moneda en un juego, un "me gusta" en una foto o un cumplido de un amigo o una persona querida. Cuando los adolescentes

Cuando los adolescentes están en "manada" o con amigos, el sistema de recompensa del cerebro se excita aún más y se convierte en una fuerza motriz. Prefieren impresionar a sus amigos que preocuparse por cualquier riesgo potencial asociado a su bienestar o incluso a su supervivencia. Simple e intencionadamente dan más valor a la recompensa.[13] Pronto les hablaré de los "retos en línea" que crean riesgos inimaginables y de lo que estamos hablando aquí, nos ayuda a entender por qué nuestros hijos se involucran en este tipo de actividades para empezar.

Considera esta historia: Eran las 3 de la madrugada en un pequeño pueblo de Carolina del Norte y no había mucho que hacer para un grupo de adolescentes. Hillary, su hermano y otros tres chicos salieron a escondidas de sus casas y se metieron en una piscina privada al final de la calle

---

13   https://www.cnn.com/2011/10/19/health/mental-health/teen-brain-impulses/index. html

para bañarse desnudos. Dos días más tarde, un policía se presentó en casa de Hillary después de que algunos de los amigos alardearan de la intrusión y la aventura de bañarse desnudos. Hillary y su hermano fueron a juicio y fueron condenados. Su madre pagó la multa. "A veces me pregunto dónde tienen el cerebro", dice la madre de Hillary. "Hacen cosas tan impulsivas que a veces creo que no piensan".[14] Tiene razón. Estos chicos decidieron escabullirse de su casa a las 3 de la mañana, entrar en un local privado, allanarlo, ir a nadar y presumir de ello más tarde ante sus otros amigos. Nada de esto tiene sentido para nosotros (ni siquiera suena divertido, para ser sinceros), pero si entendemos el desarrollo del cerebro y la pubertad, el deseo de emociones, riesgos y recompensas, más la ventaja añadida de la presión y el pensamiento de los compañeros, empezamos a entenderlo.

RECOMPENSAS, DROGAS Y ALCOHOL

Los cerebros de los adolescentes, ávidos de recompensas, también pueden llevarles a experimentar con sustancias inductoras de placer como las drogas y el alcohol, que son especialmente peligrosas para este grupo de edad. Dado que las estructuras vitales del cerebro adolescente aún se están desarrollando, los adolescentes son más propensos a sufrir daños cerebrales por el consumo de drogas y alcohol. Las investigaciones han demostrado que los adolescentes

---

14   https://tbilawyers.com/blog/are-teenagers-wired-differently/

que beben en exceso sufren mayores daños cerebrales que los adultos que tienen el mismo comportamiento.[15] La marihuana puede permanecer en el organismo de una persona durante días, afectando a los componentes básicos del aprendizaje y la memoria. Esto se debe probablemente a que el cerebro de los adolescentes tiene más receptores abiertos a los que se pueden unir las drogas, y lo mismo ocurre con el alcohol. Si añadimos este conocimiento a la abrumadora realidad de que el mundo online ofrece a los preadolescentes y adolescentes multitud de opciones en lo que respecta a las drogas (tanto en variedad como en facilidad de compra), se convierte en un área de grave preocupación.

CÓMO EDUCAR EL CEREBRO ADOLESCENTE EN UN MUNDO ONLINE

Hay libros enteros escritos sobre este tema por una buena razón. Este puede ser el momento más difícil para los padres. Cambiar las tendencias de búsqueda de recompensas de los adolescentes es difícil, pero podemos reestructurar el entorno para que sea más seguro para nuestros preadolescentes y adolescentes.

Padres, he aquí algunos consejos sobre cómo hacerlo:

- Asegúrate de que los niños no pasan mucho tiempo sin supervisión y busca formas creativas y divertidas de

---

15 https://thechart.blogs.cnn.com/2010/11/15/teen-brain-more-prone-to-drug-alcohol-damage/

pasar tiempo con ellos. El objetivo es dejar de tratar de controlarles y pasar tiempo juntos.

- Inscribe a los adolescentes en programas extraescolares saludables en los que haya adultos presentes.

- Mantenlos ocupados. Mantén su mente ocupada en algo, mantén su cuerpo activo haciendo deporte, bailando o incluso dando paseos semanales por el barrio.

- Conoce a sus amigos, su mundo social y lo que les hace sentir seguros, felices, asustados e inseguros.

- Los adolescentes aprenden de otros adolescentes. Haz que tu hijo se relacione con chicos que tengan los mismos valores que tú.

- Entiende que quieren saber de ti aunque parezca que no.

- Recompensa el buen comportamiento. Aprovecha esas tendencias de búsqueda de recompensas y utiliza la fuerza para hacer el bien. Utiliza incentivos para mantenerlos motivados, sean cuales sean para ti y tu familia.

EL CEREBRO EN DESARROLLO, LOS JUEGOS Y EL STREAMING DIGITAL

Mi generación creció adorando los dibujos animados de los sábados por la mañana. Era el mejor día de la semana para los niños y niñas de todo el país. Los dibujos animados de hoy son muy diferentes de los de hace apenas una década. Los estudios actuales demuestran que, tras sólo nueve minutos de ver los trepidantes dibujos animados de la televisión actual, los niños experimentan una disminución inmediata de la función cognitiva y ejecutiva.[16] Sí. Sí, léelo otra vez. Esto dificulta el pensamiento abstracto, la memoria a corto plazo y el control de los impulsos en los preescolares. No se trata de cuánto ven los niños, sino de qué ven. Ciertos programas comprometen su capacidad de aprender y usar el autocontrol inmediatamente después de verlos; ¡qué perjuicio para nuestros hijos! El joven cerebro humano no está preparado para procesar cosas que suceden a una velocidad tan surrealista. Resulta agotador para sus cerebros.[17]

Más allá del impacto del tiempo frente a la pantalla en la mente en desarrollo, es importante analizar el impacto de la violencia en los medios de comunicación y los juegos en el desarrollo del cerebro y el comportamiento. He aquí algunas investigaciones interesantes y alarmantes.

VIOLENCIA EN LOS MEDIOS DE COMUNICACIÓN

He tenido muchas conversaciones con expertos sobre el impacto que la violencia en los medios de comunicación tiene en los jóvenes. Los expertos no se ponen de acuerdo sobre el impacto, e incluso hay estudios que dicen que no hay ninguno. Sin embargo, sabemos que cuando nuestros hijos están con algo el tiempo suficiente, empieza a afectar a su personalidad.

16   https://pediatrics.aappublications.org/content/128/4/644
17   https://abcnews.go.com/Health/Wellness/watching-spongebob-makes-preschoolers-slower-thinkers-study-finds/story?id=14482447

También compartiré con ustedes este dato curioso: a medida que crecía el uso de la violencia armada en la programación televisiva (entre 2000 y 2018), también lo hacía el uso de armas en Estados Unidos. La actividad delictiva fue un reflejo de ello, con un aumento de las cifras de homicidios[18]. También vimos que más niños cogían armas y las utilizaban, lo que nos lleva a examinar más a fondo la relación entre el contenido que ven los niños y el impacto que tiene en su desarrollo y, en última instancia, en las decisiones que toman.

JUEGOS Y VIOLENCIA

En lo que respecta a los juegos, examinamos el impacto de la violencia, así como el de las tecnologías de ritmo rápido, las imágenes en 3-D y algo llamado "fenómeno de transferencia del juego". Veamos primero la violencia en los juegos. Aquí los datos son un poco más transparentes. Los estudios que analizaron a cientos de niños de séptimo a noveno curso (de 11 a 14 años) se centraron en los efectos de los hábitos violentos de los videojuegos en la hostilidad, los comportamientos agresivos y el rendimiento escolar de los adolescentes. Se descubrió que los adolescentes expuestos a mayores cantidades de violencia en los videojuegos eran más hostiles. Se observó que discutían con los profesores con más frecuencia y que eran más propensos a participar en peleas físicas, además de tener un rendimiento escolar

---

18   https://www.sciencedaily.com/releases/2021/03/210317141625.htm

más bajo como consecuencia de ello.[19] En la actualidad, muchos están de acuerdo en que existe un factor de riesgo casual entre las mentes jóvenes expuestas a videojuegos violentos y el aumento del comportamiento agresivo y el pensamiento agresivo. También parece que estas mentes jóvenes muestran una menor empatía por los demás.[20] Y, por supuesto, además de estar expuestos a la violencia en los juegos, una alta proporción de niños de 8 a 10 años están jugando a juegos pensados para mayores de 18 años y están siendo expuestos a violencia y contenidos sexuales no apropiados para su edad.[21]

Impacto de las tecnologías de ritmo rápido. ¿Qué ocurre con el efecto de las tecnologías rápidas en nuestros hijos, como los juegos, el desplazamiento constante a través de vídeos de diez segundos o el deslizamiento constante? Muchos me han preguntado si el consumo de imágenes y contenidos acelerados provoca déficit de atención, impaciencia o falta de capacidad de concentración. La respuesta es inequívocamente sí. De hecho, la ciencia ha descubierto que los niños que abusan de las tecnologías rápidas están "podando" sus cerebros (cortando o eliminando las vías que no utilizan) y, por lo tanto, dificultando el acceso a sus

---

19   Gentileet.al.,2004https://screenstrong.com/are-video-games-making-our-kids- violent/
20   Moore, 2010 https://screenstrong.com/are-video-games-making-our-kids-violent/
21   https://cybersafeireland.org/blog/posts/2019/september/cybersafeireland-
releases-its-4th-annual-report/

lóbulos frontales, que, como ya hemos dicho, es el centro de la función ejecutiva y el control de los impulsos. Otros informes demuestran que la tecnología moderna reduce la capacidad de atención y aumenta la distracción, al tiempo que dificulta la capacidad del niño para interactuar socialmente con otros en persona y en tiempo real.[22]

FENÓMENOS DE TRANSFERENCIA DEL JUEGO

Ya he pensado en esto antes e imagino que tú también. Ves a los niños jugar a videojuegos y los efectos visuales parecen tan reales, y los sonidos tan increíblemente penetrantes. Algunos aparatos permiten incluso la vibración a través de la palanca o el mando, lo que aumenta lo que el jugador ve, oye, siente y, por tanto, experimenta. Los estudios también han examinado esto y han descubierto que se produce un fenómeno real llamado transferencia de juego. Es cuando un jugador (nuestros hijos) transfiere lo que ve, oye y consume (la matanza y la violencia agresiva) del mundo virtual al mundo real. Una vez que todos los sentidos están implicados, el cerebro no distingue entre fantasía y realidad. Este fenómeno afecta al 30-40% de los jugadores, lo que plantea la cuestión de un posible vínculo entre los juegos y los asesinatos en masa.[23]

---

22 https://code.likeagirl.io/fast-changing-tech-and-how-it-affects-your-brain- 477b461c64b7?gi=6e96df4eeb4c
23 (Ortiz de Gortari, Aronsson, y Griffiths, 2011, Ortiz de Gortari y Griffiths, 2014)

JUEGOS 3D: IMPACTO EN LA IRA

¿Y qué hay de los sentimientos de aumento de la ira cuando los jugadores pasan mucho tiempo con una tecnología de videojuegos tan real y mejorada? Se ha descubierto una relación entre la ira y la agresividad y los videojuegos, pero la cuestión sigue siendo si ese vínculo se debe a que el niño se alimenta de la agresividad del juego o simplemente expresa su frustración al pasar tiempo con un juego que le resulta difícil.[24]

¿CUÁNDO DIFERENCIAN LOS NIÑOS LA REALIDAD DE LA FANTASÍA?

Así pues, aunque la gente discute sobre estas cosas (no sé por qué), sabemos que el consumo de contenidos digitales, así como el consumo de contenidos agresivos y videojuegos violentos, tiene consecuencias. Sin embargo, creo que hay algo más que debemos examinar. ¿Te has sentado alguna vez con un niño que ha pasado mucho tiempo construyendo un mundo, una casa o una ciudad en Minecraft o jugando con amigos (o desconocidos) en Roblox? Si les escuchas hablar –si *realmente* les *escuchas*–, puedes empezar a preguntarte si estos niños saben distinguir entre realidad y fantasía. Incluso si saben literalmente la diferencia entre lo que es real y lo que es falso, el impacto de ese mundo falso en sus

---

24   https://www.researchgate.net/publication/230326504_The_Effect_of_ Violent_ Videogame_Playtime_on_Anger

vidas reales es bastante significativo. ¿Cuál es el impacto de la fantasía en la mente y las emociones de un adolescente en desarrollo? Es importante tener esto en cuenta. Mi hija mediana puede pasarse horas construyendo ciudades enteras en estos juegos y luego quedarse destrozada cuando esas creaciones son destruidas. Sabe que es un juego. Ella sabe que no es real, pero el impacto de la pérdida o los cambios dentro de ese mundo de fantasía la afecta literalmente en tiempo real y en la vida real.

Es importante conocer la diferencia entre fantasía y realidad cuando muchos de nuestros hijos "viven" en espacios de fantasía. Sabemos que los niños de entre dos y tres años empiezan a entender las categorías de lo que es real y lo que es falso y pueden utilizar pistas para encajar las cosas en categorías reales (caballo, pez) e irreales (unicornio, sirena). A los 12 años, ese proceso ya se ha desarrollado firmemente.[25] Pero como el córtex prefrontal no se desarrolla por completo hasta los 25 años, hay jóvenes adultos a los que les impactan profundamente las cosas irreales que tienen lugar en los juegos o en las plataformas de fantasía. Tenemos que reconocerlo y ayudarles a gestionar esta desconexión. Y no es difícil. Podemos arrojar luz sobre el tema mediante conversaciones y directrices. La mayoría de los niños cargan con las consecuencias de lo que ocurre en el mundo online como si fuera su vida real. Un mundo de fantasía construido

---

25 https://liberalarts.utexas.edu/psychology/faculty/profile.php?eid=jwoolley

en Minecraft o en Roblox (por ejemplo) repercute en los sentimientos, opiniones, estados de ánimo y pensamientos reales de un niño. Tenemos que prestar atención a cómo afecta a su vida real, por qué les influye de esa manera, y ayudarles a volver a la realidad. Tenemos que ayudarles a encontrar el equilibrio. Durante esta época crítica del desarrollo, los niños ya están llenos de extremos emocionales, y gestionar las consecuencias tanto del mundo real como de un mundo de fantasía puede ser abrumador. Los adultos tienen la capacidad de gestionar esto y crear equilibrio, pero los jóvenes no. Más allá de las conversaciones, los niños necesitan directrices. Cuando decidas poner normas o límites a los dispositivos de juego y a los contenidos en streaming (y espero que lo hagas), comparte las razones por las que lo haces. Preséntales los hechos y las preocupaciones lo mejor que puedas, de una forma adecuada a su edad que les permita comprenderlos, tener un cierto nivel de control y hacerles partícipes de la decisión sobre las normas y los límites. En los próximos capítulos te explico cómo hacerlo y te ofrezco preguntas y temas de conversación. Creo firmemente que debemos dotar a nuestros hijos de una hoja de ruta: darles las normas basadas en el conocimiento, la comprensión y la aceptación, para que mantengan esas pautas por elección, dondequiera que vayan en sus mundos digitales.

Bienvenido a la jungla del Internet

*Cuando das acceso a tu hijo al mundo online,
das acceso al mundo a tu hijo.*

Bien, padres, buen trabajo recibiendo la llamada de atención sobre lo que está pasando en Internet. Aquí es donde las cosas van a dar en el clavo. Hasta ahora, hemos abordado a grandes rasgos lo que ocurre en Internet, hemos explorado los mitos más comunes, te has examinado a ti mismo, tus creencias y tu estilo de crianza, y hemos analizado la biología crítica y el desarrollo cerebral de los adolescentes y los adultos jóvenes. Respira hondo. Ahora vamos a profundizar más. Es hora de mirar detrás del velo del mundo digital y empezar a a "diseccionar" esta jungla online. Para ello, debemos fijarnos en cómo el Covid ha cambiado el mundo en línea para todos nosotros.

En 2019, antes del COVID, había 328,2 millones de personas en América y 7.674 millones de personas en el mundo. Pero, ¿cuántas estaban en línea? Al observar algunas de las principales plataformas de medios sociales, verás que las cifras son asombrosas.

Las cifras de 2020 para Twitter indican que la plataforma tenía 192 millones de usuarios activos diarios y una audiencia alcanzable de 353 millones de usuarios[26]. El 63% de los usuarios de Twitter de todo el mundo tenían entre 35 y 65 años, y la proporción de usuarios femeninos era aproximadamente de uno a dos: 34% mujeres y 66% hombres.[27]

Las cifras de 2020 para Facebook indican que la plataforma tenía 1.690 millones de usuarios.[28] Esa cifra ha crecido hasta una estimación de 2.800 millones.[29]

Las cifras de 2020 para Snapchat indican que la plataforma tenía aproximadamente 265 millones de usuarios activos diarios en todo el mundo. El 59% de los internautas estadounidenses de entre 13 y 24 años utilizan Snapchat. Cada día se crean más de 210 millones de snaps en Snapchat.[30]

Las cifras de 2020 para Instagram indican que la plataforma tenía aproximadamente 1.000 millones de usuarios activos mensuales y 500 millones de personas utilizaban las historias de Instagram a diario. Alrededor del 71% de los adultos estadounidenses de entre 18 y 29 años utilizan Instagram. En 2020, el 52 % de la audiencia de Instagram se identificaba como mujer y el 48 % como hombre.[31]

---

26   https://adespresso.com/blog/instagram-statistics/
27   https://www.oberlo.com/blog/twitter-statistics
28   https://www.statista.com/statistics/490424/number-of-worldwide-facebook-users/
29   https://adespresso.com/blog/instagram-statistics/
30   https://www.oberlo.com/blog/snapchat-statistics
31   https://www.statista.com/statistics/730315/instagram-stories-dau/

Aproximadamente el 72% de los adolescentes de Estados Unidos utilizan Instagram.[32]

Las cifras de 2020 para TikTok indican que se instaló en dispositivos más de 2.600 millones de veces en todo el mundo. Dado que su base se duplica prácticamente cada año, en el momento de redactar este informe se espera que las instalaciones superen con creces los 3.000 millones.[33]

Y un rápido vistazo a Pinterest, Fortnite y Roblox mostró cifras para 2020 de 459 millones de usuarios,[34] 350 millones de jugadores,[35] y más de 164 millones de jugadores,[36] respectivamente.

OnlyFans, un sitio más reciente y muy preocupante, tiene unos 30 millones de usuarios registrados y más de 450.000 creadores de contenidos. En 2020, el sitio había pagado más de 600 millones de dólares a sus creadores de contenidos.[37]

Así que este es el asunto, hay millones y millones de usuarios en las plataformas en las que nuestros hijos están diariamente. Hemos analizado el impacto de la violencia y la tecnología rápida en los adolescentes a través de la televisión, el streaming digital y los videojuegos, pero ¿cómo afecta a los niños el uso de Internet en general?

---

32   https://adespresso.com/blog/instagram-statistics/
33   https://influencermarketinghub.com/tiktok-stats/
34   https://adespresso.com/blog/instagram-statistics/
35   https://backlinko.com/epic-games-users
36   https://www.gamepur.com/guides/how-many-people-play-roblox
37   https://influencermarketinghub.com/what-is-onlyfans/

El impacto es asombroso. Antes de COVID, los mayores problemas eran:

- La cantidad de tiempo que los niños pasaban consumiendo contenidos.

- El número de niños que hablaban con extraños en Internet.

- El impacto mental de las redes sociales en los jóvenes.

He aquí un rápido vistazo a los problemas antes de COVID. Nuestros hijos consumían contenidos como nunca antes. De hecho, el número de jóvenes estadounidenses que veían vídeos en línea a diario se duplicaba entre los niños de 8 a 18 años antes de Covid. Las cifras anteriores a Covid mostraban que casi el 60% de los niños de 8 a 12 años y el 70% de los niños de 13 a 18 años veían vídeos en línea a diario.[38] El consumo de contenidos digitales significa que la cantidad de tiempo que los jóvenes pasaban en las redes sociales también estaba aumentando. Antes de Covid, algunos adolescentes pasaban hasta nueve horas al día en plataformas de medios sociales, y el 30% de ese tiempo se dedicaba a socializar con otras personas. La mayor parte de esta actividad en línea se realizaba en dispositivos móviles, como teléfonos celulares.[39]

Teniendo en cuenta todos los efectos sobre el cerebro y el desarrollo que acabamos de analizar, añádase la realidad

---

38   https://internetsafety101.org/mobilestatistics Common Sense Media, October 29, 2019

39   https://www.socialmediatoday.com/marketing/how-much-time-do-people-spend- social-media-infographic

de que casi la mitad de los niños de 8 a 13 años, antes de la llegada de COVID, declararon que hablaban con extraños en línea, y el 33% de esos niños hablaban con extraños todos los días o al menos una vez a la semana.[40] Lo hacen a sabiendas.

Y, por supuesto, muchos expertos de la época estaban profundizando en la correlación entre los adolescentes que pasan más de tres horas al día en las redes sociales y el desarrollo de problemas de salud mental, como depresión, ansiedad, agresividad y comportamiento antisocial.

Esos eran los problemas *antes* de COVID. Sin embargo, la llegada de COVID creó una serie de problemas totalmente nuevos. No sólo aumentó el número de usuarios, sino que también cambió los hábitos de uso de Internet de nuestros hijos. Independientemente del estado de COVID en el futuro, esos nuevos hábitos están aquí para quedarse.

EL IMPACTO DE COVID

Las restricciones de COVID han hecho estragos en nuestros niños. Sí, COVID acabó con la vida de muchos adultos, pero libró una guerra de otro tipo contra niños y adolescentes. ¿Cómo? Una abrumadora mayoría declaró haber aumentado el tiempo de pantalla gracias al aburrimiento. Ha afectado a las amistades, la educación, así como a la salud, el hambre, la visión, el sueño y la obesidad de un número récord de

---

40   https://cybersafeireland.org/blog/posts/2019/september/ cybersafeireland- releases-its-4th-annual-report/

niños. Ha cambiado la forma en que los niños se relacionan e interactúan y socializan en línea, lo que ha provocado un enorme aumento de la captación de menores en línea, así como la exposición a la violencia y la pornografía en línea, el sexting y mucho más. Nos guste o no, esta es una nueva realidad y la nueva base para avanzar.

LA VIDA EN LÍNEA

El cambio más obvio en el uso de Internet debido a COVID tiene que ver con el aumento sin precedentes del tiempo frente a la pantalla. Ya sea debido al cierre de las escuelas, a los cierres patronales o al aburrimiento, de repente las aulas, la socialización, el entretenimiento, el ejercicio y la mayoría de las demás actividades han sido sustituidas por la tecnología y las herramientas digitales. Los efectos lo impregnan todo y son eternos.

Ya hemos demostrado que el tiempo frente a la pantalla aumentaba antes de COVID. Después de la COVID, se disparó, y no sólo en niños de ocho años o más, sino también en niños de cuatro años o más. El tiempo que los niños pasaban en plataformas como YouTube, por ejemplo, se duplicó entre febrero de 2020 y marzo/abril de ese mismo año.[41] Pero esta duplicación del tiempo en línea debido al aburrimiento fue separada y distinta del tiempo que pasaban en línea para la escolarización o la socialización.

---

41 https://internetsafety101.org/mobilestatistics

EFECTOS EN LA FAMILIA

Si la vida familiar era relativamente normal antes de COVID, sabemos que mucho de eso cambió después de COVID. La presión, el estrés económico y el aislamiento causados por la pandemia causaron estragos en las familias y las parejas, provocando que los niños (muchos por primera vez) fueran testigos y absorbieran los cambios en la dinámica familiar. El sentido de alegría personal, seguridad y estabilidad de estos niños se vio sacudido. A esto hay que añadir que algunos niños presenciaron mucha violencia entre las parejas de hecho. Los niños y las mascotas de la familia también resultaron heridos. Además, el inicio del consumo de drogas y alcohol aumentó en todo el país.[42] Los niños también empezaron a experimentar más con las drogas y el alcohol.[43]

EFECTOS EN LAS AMISTADES

Más allá del aumento del tiempo en línea, el aburrimiento y los cambios en la dinámica familiar, se produjeron cambios en los círculos sociales de los niños. Los niños, que en su mayoría no eran lo suficientemente maduros para enfrentarse a estos problemas, pronto se vieron inmersos en grandes cambios que afectaban al núcleo de todo lo que conocían hasta ese

---

42   https://health.ucsd.edu/news/releases/Pages/2021-08-24-how-adolescents-used-
drugs-during-the-covid-19-pandemic.aspx
43   https://jamanetwork.com/journals/jamanetworkopen/fullarticle/2770975

momento. ¿Cómo cambiaron los círculos sociales? De muchas maneras. Los jóvenes amigos no se veían durante mucho tiempo. Con la nueva opción del aprendizaje a distancia o virtual, los grupos sociales dentro de las comunidades de una misma escuela se fracturaron. Un grupo de chicos volvía a la escuela y compartían juntos esos momentos históricos, cara a cara o máscara a máscara. Otros, dentro del mismo grupo de amigos, quedaban aislados en casa porque un padre o cuidador optaba por que fueran estudiantes virtuales.

EFECTOS EN LA EDUCACIÓN

Con más de 1.500 millones de niños y jóvenes afectados por el cierre de escuelas en todo el mundo,[44] aún no se conocen del todo los efectos en la educación. Pero esto es lo que hemos empezado a descubrir: los niños volvieron a la escuela con máscaras y escudos, mientras que otros se quedaron en casa. Los políticos locales y los funcionarios federales se peleaban por los protocolos, dejando a los funcionarios escolares, y a nuestros hijos, en medio. Al principio, las escuelas se esforzaron por enseñar a los alumnos a distancia. Los alumnos se enfrentaban a un acceso limitado a Internet, procedimientos en línea incoherentes y dificultades para seguir virtualmente o ponerse al día. También había muchos niños que se avergonzaban de su entorno doméstico y hacían todo lo posible por "guardar

---

44   https://www.unicef.org/romania/press-releases/children-increased-risk-harm- online-during-global-covid-19-pandemic-unicef

las apariencias" o preferían ausentarse a participar en una sesión escolar virtual que invitaba a toda la clase a su casa o dormitorio. Se cree que los alumnos de muchos cursos están ahora, de media, entre cinco y diez puntos porcentuales por detrás (2020 frente a 2019).[45] Otros datos muestran que los estudiantes pertenecientes a minorías y con menos recursos se han retrasado entre tres y cinco meses, mientras que los estudiantes blancos se han retrasado entre uno y tres meses.[46] Y hay más. En algunas partes de California, por ejemplo, el número de estudiantes de primaria ausentes aumentó en más de un 200%.[47] En un momento dado, se estimaba que había 3 millones de estudiantes vulnerables (sin hogar, en hogares de acogida, con discapacidades o aprendiendo inglés) que no asistían a la escuela en absoluto.[48] Los fuertes descensos en la asistencia, un creciente número de calificaciones reprobatorias y la reducción de la matrícula causaron gran preocupación por las tasas de abandono escolar, a nivel nacional. No cabe duda de que la lucha contra el COVID interfirió enormemente en el derecho de nuestros hijos a aprender y prosperar en la escuela.

---

45 https://www.nbcnews.com/news/education/when-covid-19-closed-schools-black- hispanic-poor-kids-took-n1249352
46 https://www.mckinsey.com/industries/public-and-social-sector/our-insights/covid- 19-and-learning-loss-disparities-grow-and-students-need-help
47 https://www.the74million.org/article/the-numbers-are-ugly-chronic-absenteeism- among-california-elementary-students-could-be-surging-by-more-than-200- percent/
48 https://bellwethereducation.org/publication/missing-margins-estimating-scale- covid-19-attendance-crisis

EFECTOS SOBRE LA SALUD MENTAL, LA VISIÓN Y EL HAMBRE

La cifra global de muertes debidas al COVID sigue cambiando. Pero más allá de la muerte, nos afecta a todos a través del empuje a la vida en línea, la mitigación del compromiso social, la aparición del miedo, la polarización de los grupos, la hiper-infusión de la política, y mucho más.

Los resultados: Un aumento de la depresión, la ansiedad y una enorme cantidad de miedo.[49] En los primeros 10 meses de la pandemia, las salas de urgencias habían visto un aumento del 24% en las visitas relacionadas con la salud mental de los niños de 5 a 11 años en comparación con el mismo período de tiempo pre-COVID. El aumento de las visitas a urgencias entre los niños mayores fue incluso mayor, del 31%.[50]

¿Y el impacto en la visión? Se ha producido un alarmante aumento del número de personas con miopía asociada a complicaciones potencialmente cegadoras como el glaucoma, el desprendimiento de retina y la degeneración macular miópica. Los expertos atribuyen este aumento al uso excesivo de dispositivos portátiles.[51] Los niños son especialmente vulnerables a desarrollar miopía porque sus ojos aún se están

---

49   https://www.ncbi.nlm.nih.gov/pmc/articles/PMC7444649/

50   https://www.cdc.gov/mmwr/volumes/69/wr/mm6945a3.htm#:~:text=A partir%205 in%20April%202020%2C%20the,17%20years%20increased%20 approximately%20 24%25

51   Academia Americana de Oftalmología (2014), el 42% de la población estadounidense tiene miopía, un fuerte aumento

desarrollando y están constantemente conectados a aparatos. Al haber tantos niños con los mismos problemas de visión, muchos padres ven la aparición de la miopía como algo "normal".[52] Aunque la miopía es irreversible, las investigaciones también demuestran que limitar el tiempo que se pasa con los dispositivos y pasar más tiempo al aire libre es una forma sencilla de reducir el riesgo de desarrollar miopía y su progresión en los adolescentes.

Los bancos de alimentos también se vieron desbordados por familias hambrientas, ya que se calcula que 17 millones de niños -muchos de ellos privados de almuerzos escolares gratuitos- corren ahora el riesgo de no tener suficiente para comer. Esto supone un aumento de más de 6 millones de niños hambrientos en comparación con antes de la pandemia.[53]

INTERACCIONES SOCIALES EN LÍNEA

Cuando los alumnos pasan más tiempo en línea, los efectos secundarios son asombrosos. Los analizaremos en profundidad en los capítulos 8 y 9, pero lo más preocupante es el número de niños que corren el riesgo de ser víctimas de la explotación sexual y la captación de menores en línea. Con más niños en línea, que pasan más tiempo relacionándose con más gente, junto con el aburrimiento, la curiosidad y la falta

---

52   Clínica de control de la miopía en la Facultad de Optometría de la UC Berkeley (Dr. Liu, 2013).
53   https://www.feedingamericaaction.org/the-impact-of-coronavirus-on-food- insecurity/

de contacto cara a cara con los amigos, vemos que los niños optan por participar en actividades de mayor riesgo. Estas actividades van desde el envío de imágenes sexualizadas hasta la navegación por zonas oscuras del mundo en línea y la participación en contenidos explícitos, nocivos y violentos. Los padres, que también se enfrentan a esta pandemia, no supervisan el tiempo que pasan frente a la pantalla.

A menudo solos en el espacio en línea, vimos cómo aumentaban el ciberacoso, la incitación al odio y la toxicidad en la red. Tanto si los niños comentaban en Twitter o TikTok como si participaban en un mayor número de plataformas como FaceTime, Zoom, Google Classroom, Moodle, Canvas, Web-ex, BlackBoard u otras, vimos que los niños simplemente se volvían "más malos".

PORNOGRAFÍA/SEXTING

Al inicio del COVID, casi el 40% de los niños había recibido o enviado un "sext" (un mensaje de texto con imágenes, mensajes o vídeos sexualmente explícitos o sugerentes) a la edad de 13 años.[54] El aburrimiento y el tiempo ocioso (gracias a la pandemia), más el aumento del acceso en línea han incrementado la disponibilidad y el interés por los contenidos de contenido sexual. El acceso a la pornografía es real y, podría decirse, aterrador. Según Pornhub, solo en 2019 se

---

54   https://blog.jiminy.me/2019/12/17/children-and-sexting-a-jiminy-report/

vieron más de 5.824.699.200 horas de porno.[55] Eso equivale a casi 665 años naturales de contenido consumido en un año, en un solo sitio porno. Esto es pre-COVID. Para aquellos en el sitio, los términos más buscados fueron "lesbiana", "adolescente", "madrastra", "mamá" y "hermanastra".[56] Con el inicio de la pandemia, el consumo y la explotación solo siguieron aumentando y, en algunos casos, el consumo de este tipo de material se está convirtiendo en una nueva normalidad para nuestros hijos.

Esos términos más buscados me hacen preguntarme por el impacto de esta industria en las mujeres y los niños. En general, estamos viendo un inicio temprano de la adicción a la pornografía, con niños de tan sólo ocho años expuestos. Observamos un aumento de la disfunción eréctil y de la agresividad en las citas. Oímos que quienes consumen un alto volumen de contenidos pornográficos necesitan que sus jóvenes parejas participen en actos sexuales ofensivos y abusivos, sólo para sentirse satisfechos. Los datos revelan que las imágenes autogeneradas representan ya casi un tercio de las páginas web con imágenes sexuales de niños. Más de tres cuartas partes de los materiales autogenerados, ya sean imágenes o vídeos, están protagonizados por niños de 11 a 13 años, la mayoría de los cuales son mujeres.[57] Esto significa que durante la pandemia ha aumentado la demanda

---

55   https://fightthenewdrug.org/2019-pornhub-annual-report/
56   https://fightthenewdrug.org/2019-pornhub-annual-report/
57   Internet Watch Foundation, Jan. 15, 2020) https://internetsafety101. org/ mobilestatistics

de este tipo de contenidos y que cada vez más niños los crean fácilmente desde casa. Los depredadores y las empresas se están "forrando", ya que distribuyen el material a la vista de todos en diversas plataformas cotidianas.

Según un informe reciente publicado en JAMA Pediatrics, 1 de cada 4 niños admite haber hecho sexting.[58] Se dice que el sexting es la nueva "primera base".[59] Pero, ¿a cuántos les han pedido fotos desnudos? A los 13 años, al 24% de los niños se les había pedido en algún momento que enviaran fotos desnudos. Esas cifras eran generalmente más altas en el caso de las chicas. Hasta al 6,8% de las niñas de 10 años les habían pedido fotos desnudas. Pero, en general, las cifras revelan que el sexting entre niños y adolescentes es mayoritariamente mutuo, con un 58,5% de todos los sexts enviados entre dos partes voluntarias en el caso de los niños de 10 a 17 años.[60] ¿Por qué ocurre esto? Acceso constante a un dispositivo. Las hormonas. La presión del grupo. La curiosidad. Si tu hijo no participa, lo más probable es que tenga un amigo que sí lo hace.

Hay que tenerlo en cuenta: Enviar una foto de un desnudo no solicitado es una forma de acoso sexual. Es grave y se toma en serio. Recibir fotos de un menor desnudo se

---

58   https://time.com/5172906/sexting-messages-teens/
59   https://www.washingtonpost.com/news/parenting/wp/2014/10/06/sexting-is-the-
new-first-base-yes-maybe-even-your-child/
60   https://www.google.com/amp/s/nypost.com/2019/12/17/over-40-of-kids-are-
exposed-to-sexting-by-age-14-survey-finds/amp/

considera posesión de pornografía infantil. El mero hecho de tenerlas en el teléfono, aunque no se compartan, ya es bastante grave. Compartir una foto de un menor desnudo se clasifica como distribución de pornografía infantil, un delito absoluto. Como el contenido es digital, puede hacerse una captura de pantalla y/o enviarse a cualquier parte y a cualquier persona en cuestión de segundos. Las fotos de menores desnudos son ilegales y pueden considerarse pornografía infantil, incluso si son dos niños los que las intercambian voluntariamente. Las leyes sobre sexting varían de un estado a otro. Algunas jurisdicciones tienen disposiciones "Romeo y Julieta", que reducen la gravedad del delito cuando las partes implicadas tienen edades similares. Es importante que hables con tus hijos sobre este tema y que conozcas las leyes de tu estado.

Al mismo tiempo, las denuncias de actividades de explotación sexual infantil a las líneas directas de ciberavisos han aumentado una media del 30 % a nivel mundial.[61] A nivel nacional, las denuncias al Centro Nacional para Menores Desaparecidos y Explotados, la organización que recibe ciberavisos en Estados Unidos, incluidas las de todas las plataformas tecnológicas de Silicon Valley, se han más que duplicado, pasando de 983.734 denuncias en marzo de 2019 a 2.027.520 denuncias en marzo de 2020.[62] Un número menor

---

61   https://www.nbcnews.com/tech/tech-news/child-sexual-abuse-images-online- exploitation-surge-during-pandemic-n1190506
62   https://www.nbcnews.com/tech/tech-news/child-sexual-abuse-images-online- exploitation-surge-during-pandemic-n1190506

de vídeos que se hicieron virales contribuyó a este aumento significativo de nuevas denuncias.

LAS BUENAS NOTICIAS

No todos los impactos de COVID han sido negativos. Las detenciones y encarcelamientos de menores tendieron a la baja durante la pandemia. Esto podría ser una combinación de las órdenes de "quedarse en casa" junto con la reforma de la justicia penal que recorre la nación. Es posible que estés pensando: "Vale, ya he tenido bastante. Voy a tirar todos los artilugios y a mudarme a un búnker en alguna parte". Si estás asustado ahora mismo, es normal y deberías estarlo. Pero quédate conmigo, tengo algunas soluciones y estrategias que son fáciles de implementar, perennes, y que nos llevarán adelante.

Es hora de que hablemos: Preparar mentalmente a tu hijo

A la hora de decidir si tu hijo preadolescente o adolescente está preparado para utilizar un smartphone, debes hablar con él de forma estratégica sobre todos los problemas con los que se puede encontrar.

Cada octubre, me encuentro hablando sobre la seguridad en Halloween. A menudo me preguntan: "¿Cómo sé si mi hijo es lo bastante mayor o maduro para pedir caramelos solo?". Mi respuesta es siempre la misma: "Depende de cómo se enfrenten a los problemas que puedan surgir".

Este es mi consejo sobre este tema: Si tu hijo quisiera ir solo a pedir caramelos, tendrías algunas conversaciones sobre seguridad con él antes de ir, ¿verdad? Por ejemplo, la seguridad de los peatones. Es esencial hablar de cómo cruzar las calles con seguridad. Les dirías que tuvieran cuidado de no morir atropellados por un coche, un autobús o un tren. Les recordarías que Halloween es la peor noche del año para los accidentes de peatones. Les dirías que se queden con su grupo de amigos para que no se pierdan, se hagan daño o corran peligro solos. Les dirás que tienen que volver a casa antes de cierta hora, porque el peligro es mayor si salen demasiado tarde y solos. Les diremos que no tomen carreteras secundarias oscuras ni se salgan de los caminos trillados, porque si lo hacen pueden encontrarse solos o seguidos, o en un lugar que no conocen, donde no se les puede vigilar, o simplemente donde no están seguros. Les pedirás que tengan el teléfono encendido y cargado para que puedas localizarles o asegurarte de que pueden localizarte... Podría seguir y seguir.

La cuestión es la siguiente: si tu hijo se asustó mucho con esta conversación y con los peligros de Halloween, eso indica que no está preparado para las responsabilidades inherentes a ir solo a pedir caramelos. Ahora bien, si sabes esto de tu hijo y decides no hablar con él sobre estas cuestiones de seguridad y aun así le permites salir, en esencia y potencialmente le estás preparando para el fracaso o el daño. En lugar de hablar con ellos sobre un riesgo potencial y asegurarte de que están preparados y de que pueden recurrir a una serie de soluciones, tendrás a un niño presa del pánico, sin preparación, sin herramientas, potencialmente solo en medio de una situación horrible. No hagamos eso a nuestros hijos.

Al igual que en Halloween, los padres deben tener conversaciones con sus hijos sobre teléfonos inteligentes, dispositivos de juego, aplicaciones, desafíos y mucho más. No hacer esto y darles un aparato de todos modos es prepararles para el fracaso y, lo que es peor, para el peligro. A medida que somos más conscientes de los riesgos y peligros reales que presenta el mundo online, debemos desarrollar un plan que nos ayude a gestionar este paisaje en constante cambio. Antes de lanzarnos con nuestras herramientas, primero debemos determinar a qué edad nuestros hijos tendrán un teléfono (o, para ser más exactos, tendrán acceso al mundo online) y, en segundo lugar, determinar cómo hablarles de las cosas realmente difíciles a las que se enfrentarán.

CUÁNDO PERMITIR EL TELÉFONO

Es posible que hayas oído hablar de la campaña nacional "Espera hasta 8º", que recomienda a los padres no dar a sus hijos un teléfono hasta que estén en octavo curso ni acceso a los datos hasta que tengan 16 años. La razón por la que este programa elige el octavo grado se basa en investigaciones que indican que los teléfonos interfieren con las tareas escolares y las calificaciones, son adictivos, cambian la infancia, aumentan la ansiedad y la depresión, interfieren con el sueño y exponen a los niños a contenidos inapropiados. Aunque es una gran campaña, a menos que los grupos de niños la hagan juntos, es difícil señalar a un niño y hacerle esperar solo hasta 8º curso. Si consigues que los padres de los amigos de tu hijo estén de acuerdo, es realmente una gran idea. Lo cierto es que la mayoría de los niños adquieren un teléfono en 5º o 6º curso, cuando tienen 10 u 11 años. Pero, ¿cuándo debería tu hijo tener un teléfono inteligente? La respuesta depende totalmente de su capacidad para manejar las conversaciones cruciales relacionadas con tener un teléfono, así como de las normas que establezcas en torno a su posesión.

Yo tengo tres hijos y, aunque todos nacieron en un intervalo de tres años y medio (todos por cesárea -a veces creo que mi cuerpo aún no se ha recuperado-) y se crían exactamente en el mismo hogar, con las mismas normas, los mismos colegios y los mismos padres, son muy diferentes en casi todos los aspectos. Han madurado a edades diferentes, tienen puntos fuertes distintos y lenguajes del amor muy diferentes. Aunque he mantenido conversaciones críticas sobre la jungla online con cada uno de ellos basándome en los principios rectores que he desarrollado, lo he hecho teniendo en cuenta estos tres parámetros. La edad es un factor esencial, y el lenguaje utilizado debe ser apropiado para la edad. Dicho esto, la madurez cuenta más. Dependiendo de la madurez, esto puede hacer que la conversación suba o baje de nivel. Y sé sincero. Supongamos que le regalas a tu hijo un iPad con acceso a YouTube Kids o su primer dispositivo de juegos o smartphone. En ese caso, debes mantener conversaciones sobre el mundo online de forma honesta, adecuada a su edad y a su madurez. A medida que avancemos en las herramientas y ejercicios de los próximos capítulos, profundizaré más en este punto y te daré consejos para llegar a una respuesta. ¡Quédate conmigo!

CONVERSACIONES OFFLINE PARA UN MUNDO ONLINE

A la hora de decidir si tu hijo preadolescente o adolescente está preparado para un smartphone, debes hablar estratégicamente sobre los problemas que pueden surgirle (sí, estas conversaciones estratégicas se describen a lo largo de este libro). (Sí, estas conversaciones estratégicas se describen a lo largo de todo el libro). Recuerda que los adolescentes están especialmente predispuestos a alejarse de sus padres, por lo que puedes esperar cierto grado de rechazo. Pero ten en cuenta también que los niños anhelan la aprobación de sus padres más que cualquier otra cosa en el mundo. Puede que por fuera se resistan a las conversaciones, pero por dentro tus palabras están sembrando semillas en sus tiernas almas.

Ellos quieren esto. Recuerda que a los niños les gustan los límites, aunque los empujen. Los límites dicen: "Te quiero. Te veo. Quiero protegerte".

Padres, aquí tienen algunos consejos básicos antes de empezar a hablar con sus hijos:

- **Tengan una hoja de ruta de los temas de los que quieren hablar.** Por ejemplo, querrás abordar las expectativas, la confianza, la gestión del tiempo, las elecciones en línea, los riesgos y los peligros. En este libro he incluido hojas de ruta con temas específicos.

- **Ten tus propias opiniones sobre los temas.** Educa a tus hijos para que sepan cuáles son los valores y las normas de la familia. A medida que crezcan, permíteles que te escuchen hablar de estos temas de nuevo. Esto les abre la puerta a hablar contigo. Si piensan: "Ya sé que mi madre me mataría si le dijera que me subí a un coche con

Lindsay cuando no estaba permitido", tu hijo te ocultará esta información preventivamente. Dicho esto, entrénalos para que vean cómo cambian las conversaciones y las expectativas con la edad. He aquí un ejemplo de regla presentada a un niño más pequeño: "No subimos a los coches con ciertas personas". Así es como podría plantearse la norma en la adolescencia (dependiendo de su madurez):

- "Aunque nunca debemos subirnos al coche con determinadas personas, me imagino momentos en los que te pueden invitar a viajar con un conductor no autorizado. Pienso en cómo podría ser eso para ti cuando sientes la presión del momento. Hablemos de cómo manejar eso". Este cambio de conversación basado en la edad, la madurez y la honestidad les dice que eres justo, que confías en ellos. Este tipo de conversaciones pueden ser realmente útiles.

- **Prepárate para ocultar tus expresiones**. Cuando hablen, limítate a escuchar. También te sugiero que tomes notas en privado mientras escuchas para ayudarte a procesar mientras mantienes tu cara de póquer. (Haz dos columnas. En un lado anota las cosas que quieres que se mueran, y en el otro anota las cosas nuevas que se te ocurran para discutir). Pero escucha, deja que hablen y luego comparte tus respuestas con calma y con un propósito positivo.

- **Trabaja para captar su atención.** Sé estratégico sobre cuándo y dónde tienes estas conversaciones. Tal vez planeen hablar en el coche o cuando ambos acaban de sentarse a comer.

- **Piensa y busca ejemplos de la vida real sobre temas que quieras que entiendan.** Si crees que no pueden manejar el tema o la historia de la vida real, es un gran indicador de que no están preparados. Esta es mi "regla de oro", de la que hablaremos en la página siguiente.

- Intenta utilizar un lenguaje positivo siempre que sea posible. "Sé que tomarás la decisión correcta, pero acude a mí siempre que tengas dudas. Que sepas que, como te quiero, habrá consecuencias por tus actos, pero serán justas y sólo para tu bien".

EL DON Y LA MALDICIÓN DE LA TECNOLOGÍA

Dar a tu hijo un teléfono como forma de contactar contigo es diferente a darle acceso a las redes sociales, al streaming o al mundo online. Personalmente, creo que es vital que un niño en el mundo de hoy siempre tenga una forma de contactar con sus padres, ya sea a través de un teléfono móvil, un Gizmo, Gabb Phone, walkie talkie o cualquier otra cosa. Sin embargo, la cuestión de darles accesibilidad global a través de la tecnología en línea, es un tema completamente diferente y que debemos separar. Pero sigue leyendo para determinar si tu hijo está preparado para ese tipo de conectividad.

En la Sección Dos de este libro, desgranaremos cuatro herramientas y nos sumergiremos en contenidos realmente específicos que los niños encontrarán al relacionarse con el mundo online. A medida que vayamos desvelando esos temas, te guiaremos a través de una conversación con tu hijo. Además de hablar con sinceridad y tener en cuenta su edad y madurez, piensa en mi Regla de Oro, que es la siguiente: A medida que vayas conociendo los temas, si crees que las conversaciones sobre esos temas (por ejemplo, lo que tu hijo podría ver o el tipo de personas con las que podría relacionarse en Internet) le asustarán o le incomodarán demasiado, entonces no está preparado para un aparato o dispositivo que le conecte con el mundo online. Si no pueden manejar la conversación de una manera que les permita pensar en una estrategia, no están preparados para tomar medidas sobre cómo responder a cuestiones difíciles. Y punto.

Además, cuando hable de las herramientas en los próximos capítulos, añada valores y expectativas familiares personales, cuando proceda. Y escucha a tu hijo. Esta estrategia de conversación se basa en escuchar. Como padre o cuidador, comparte por qué piensas lo que piensas. Reconoce que, al final, "padres contra hijos contra tecnología" no es una lucha justa. Pueden ganar siempre, dependiendo de su destreza en la red, así que maneja esto de forma muy estratégica. Asegúrate de que es una conversación en la que todos salís ganando. Dicho esto, si hablar de las realidades del mundo online te resulta difícil como padre, siempre que tu hijo tenga un dispositivo, debes hacerlo. Conseguir el apoyo de un copadre, cónyuge, abuelo o amigo de la familia que pueda leer este libro contigo podría ser útil. Créeme, como padre sé lo difíciles que son estas realidades, pero por el bien de nuestros hijos, debemos hacer lo que sea necesario para prepararlos.

La regla de oro de Rania

. . . .

Si crees que tu hijo no puede manejar las conversaciones sobre los problemas a los que se enfrentará en Internet, entonces no está preparado para un aparato o dispositivo que le conecte con el mundo online.
Y punto.

. . . .

Apps, retos y cartas en cadena… ¡Madre mía!

El barrio más peligroso para tu hijo es tu propia casa, en Internet.

CENTRO NACIONAL SOBRE MENORES EXPLOTADOS SEXUALMENTE

Ahora sabemos que gran parte del mundo entero está en las mismas plataformas que nuestros hijos. También sabemos que nuestros hijos pasan más tiempo en estas plataformas con estas personas y que están expuestos a más cosas que nunca. También sabemos que la edad media a la que se adquiere el primer teléfono es de 10,3 años.[63] Por todas estas razones y muchas más, es el momento perfecto para detenerse y crear un plan online para tu hijo, uno con el que esté de acuerdo y que funcione. Para ello, debemos tener una idea de lo que hacen nuestros hijos en Internet. Si eres como yo o como muchos padres con los que hablo a diario, aquí es donde empezamos a sentirnos abrumados. No sabemos dónde "están" nuestros hijos cuando se conectan o en qué aplicaciones "pasan el rato". No tenemos ni idea

---

63   (Influence Central, consultado el 26-5-20) https://internetsafety101. org/ mobilestatistics.

de qué "retos en línea" están de moda ni por qué son peligrosos. Seguro que recordamos las cartas en cadena de antaño, pero no tenemos ni idea de cómo funciona eso en el mundo online ni de cuáles pueden ser los riesgos. Y nunca nos hemos parado a pensar en el impacto de estas actividades en nuestros hijos. Pero debemos hacerlo, y voy a desglosarlo todo para ti. Voy a convertir todo este "espacio gris" desconocido en un plan de acción concreto que tú controlas. Voy a hacer que este proceso sea fácil y perenne. En los próximos capítulos, te daré un "cinturón de herramientas" de estrategias seguras para tus hijos, pero antes de entrar en el "cómo", tenemos que abordar el "qué". Necesitamos un conocimiento básico de lo que hacen los niños en Internet. Con innumerables aplicaciones entre las que elegir, he abordado este tema creando "cubos", o categorías de aplicaciones, que conforman el mundo online, conocidas colectivamente como plataformas. Es imposible conocer todas las plataformas nuevas y en desarrollo, y como quiero que avancemos hacia una forma sostenible de navegar por el mundo online, vamos a tener que cambiar nuestra visión de microscópica a macroscópica, o gran angular. Así que, en lugar de aprender sobre aplicaciones individuales, vamos a examinar categorías colectivas de aplicaciones. Una vez que identifiquemos las categorías, o cubos, los definiremos, estableceremos reglas en torno a ellos y crearemos un plan estratégico permanente para todo el cubo, de una vez por todas. Con este enfoque, tu plan online no vivirá o morirá en función de una aplicación o juego específico que pueda estar de moda en un momento y desaparecer al siguiente.

Ten en cuenta que muchas plataformas encajan en varios cubos. Por ejemplo, algunas personas publican en Instagram para mostrar su creatividad; otras publican en Instagram para vender productos; otras tienen Instagram pero nunca publican, simplemente disfrutan consumiendo el contenido de la gente. No pasa nada. Al final, todo encajará, porque tus normas se centrarán en las activi- dades, no tanto en la aplicación individual. Así que empecemos por revisar la lista de "categorías" que aparece a continuación y luego hagamos el ejercicio que sigue.

PLATAFORMA/APP "CUBOS"

Aunque hay casi dos millones de aplicaciones en la tienda de aplicaciones, las he dividido en 16 categorías. Con el tiempo, es posible que surjan otras, pero esto te dará un enfoque racionalizado para establecer normas sobre lo que tus hijos hacen en Internet.

- **Aplicaciones para socializar**: Las más comunes incluyen, entre otras, Instagram, Snapchat, Facebook, FaceBook Messenger, Kik, WhatsApp, Viber, GroupMe, Discord, MeetMe y Yubo. Este es sin duda el mayor cubo y normalmente la primera razón por la que un niño quiere un teléfono. Los usuarios de las plataformas sociales están ahí para pasar el rato y socializar. A menudo, tu popula- ridad en este tipo de aplicaciones depende del número de personas con las que te conectas y "socializas" (padres, pensadlo: ¿cuántas veces has oído a tus hijos hablar del número de seguidores que tienen ellos o un amigo?) Los usuarios de estas plataformas prosperan cuando se mantienen relaciones y se establece un gran número de conexiones. Estas aplicaciones suelen permitir enviar mensajes de texto "in-app", hablar cara a cara, compartir vídeos y mucho más. ¿Sabes cómo acceder o leer el chat o los mensajes de texto de las aplicaciones de las redes sociales de tu hijo?

- **Aplicaciones de chat aleatorias**: Algunos ejemplos son Strangers, MeetMe, Monkey, Skout, BeeTalk, Twoo, Hitwe, Flurv, HOLLA Live, Golu, Qeep, CamGo y Omegle. Estas aplicaciones se centran en la socialización, pero se basan en conectar a los niños con personas al azar -también conocidos como completos desconocidos- para iniciar una conversación. Para los usuarios, no se trata de establecer relaciones duraderas, sino de acumular intercambios aleatorios.

- **Transmisión en directo y aplicaciones de chat de vídeo**: Algunos ejemplos son Bigo Live, Houseparty, Periscope, Live.me, YouNow, Marco Polo, Monkey, Omegle, Twitch, HOLLA y ChatLive. En estos dispositivos, los niños pueden hablar y verse por vídeo, en tiempo real. Aunque algunas plataformas no graban, las personas que interactúan contigo (o con tu hijo) pueden "grabar la pantalla", por lo que estas sesiones nunca deben considerarse privadas. Estas conexiones también pueden ser aleatorias, y cualquiera que chatee por vídeo puede obtener todo tipo de información del entorno de tu hijo.

- **Compartir fotos y vídeos con fines de manualidades, arte, cocina, organización, baile, decoración de habitaciones, diseño digital y mucho más**: Algunos ejemplos son Pinterest, VSCO, TikTok, Musically y Look. La mayoría de nuestros hijos tienen talentos e intereses sobre los que quieren pasar tiempo leyendo y compartiendo contenidos. Esto parece perfectamente bien, pero es necesario establecer directrices por las mismas razones que las otras aplicaciones. En estas aplicaciones, al igual que en todas las demás, hay funciones de chat privado, seguimiento por GPS y usuarios de plataformas nefastas que tienen acceso a tu hijo.

- **Foros y redes de debate**: Algunos ejemplos son Twitter, Parler, Reddit, 4Chan, Amino y Quora. Algunos consideran estas plataformas como la "portada" de Internet. Estos sitios pueden ser una buena manera de estar al día de las últimas tendencias, pero también pueden albergar contenidos sin filtrar y comentarios a menudo brutales. El lenguaje soez, la propaganda, la incitación al odio y el acoso son habituales en estos sitios. El contenido, en su mayor parte, está basado en opiniones y a menudo puede ser extremo, lo que atrae la atención.

- **Plataformas de microblogging**: Algunos ejemplos son Twitter, Tumblr, Plurk, Gab, Reddit, Micro, Medium y

Twister. Estas plataformas permiten bloguear. La gente comparte constantemente imágenes y pensamientos, haciendo más hincapié en los pensamientos y las ideas.

- **Aplicaciones de citas**: Estas aplicaciones cambian a menudo, pero algunos ejemplos son MeetMe (sin verificación de edad), MyLol (usuarios de 13 a 19 años), Tinder (edad media de 12 a 19 años), Kik (mensajes a amigos y desconocidos, gratis), Skout (falta de ajustes de seguridad), Hot or Not (acceso a través de Facebook), Spot a Friend (acceso a través de Facebook), Yubo (compras reales en dólares), Bumble, CoffeeMeetsBagels, Grinder, Hinge y otras. No hace falta explicar mucho, pero los usuarios de estas aplicaciones están ahí para tener citas o simplemente para ligar. Cuidado con los padres: Estas aplicaciones están pensadas para niños a partir de 12 años. Más allá de eso, no hay verificación de la edad antes de unirse a la aplicación, por lo que cualquiera puede estar conectado con cualquier persona de cualquier edad.

- **Plataformas utilizadas para el ciberacoso**: Sí, existen plataformas que se dedican a desprestigiar a la gente. Tengamos en cuenta que el acoso existe en todas las plataformas en las que se reúne la gente, especialmente los jóvenes, pero hay algunas que permiten a los usuarios ser un poco más malos que otras. Ask.fm es una de las más preocupantes, pero no hay que descartar Instagram, Facebook, Twitter, Snapchat y otras aplicaciones monstruosas. De hecho, Snapchat tenía una aplicación llamada YOLO que permitía a los usuarios enviarse mensajes anónimos en forma de respuesta a preguntas publicadas en Snapchat. YOLO se suspendió después de que un adolescente se suicidara debido al acoso que sufrió en la aplicación. Una vez más, el acoso existe en todas las aplicaciones.

• **Plataforma utilizada para redes sociales anónimas**: Algunos ejemplos son Qooh.me, Ask.fm, Tellonym, Whisper y Lipsi. El anonimato es uno de los aspectos más difíciles del mundo online. Da a la gente valor para hacer y decir cosas que nunca harían cara a cara o si se conociera su identidad. La realidad es que la mayoría de los jóvenes creen que las acciones anónimas no tienen consecuencias. Tenemos que recordarles que es una posición peligrosa. Nada es anónimo. Todo lo que se comparte en Internet vive para siempre y puede ser rastreado hasta su autor original.

• **Plataforma utilizada para jugar**: Algunos ejemplos son Fortnite, Call of Duty, Twitch, Roblox y Xbox live. Los niños pueden unirse a redes y jugar con personas de todo el mundo. Aunque esta es una forma divertida de conectar con los amigos, cuando los niños juegan con extraños o personas que no conocen en la vida real, se abre la puerta al peligro. A menudo, los depredadores se hacen pasar por niños y juegan durante horas antes de empezar a pedir a los niños información privada o personal. Y con la misma frecuencia, a medida que pasa el tiempo, los niños se sienten cómodos y no se dan cuenta de que están compartiendo información personal. A veces se pide a los niños que se unan a las "redes privadas" o a los "servidores privados" de otros. Si se trata de extraños en línea, la respuesta debe ser no. Además, dependiendo del juego, suele existir la opción de chatear o enviar mensajes de texto al otro jugador.

• **Plataforma utilizada para grupos de chat de juegos**: Hay aplicaciones para juegos y aplicaciones para chats de juegos. Algunos ejemplos son Discord, Mumble, TeamSpeak e incluso Skype. Estos son realmente lugares para socializar, pero debido a la naturaleza de los juegos en general (pueden ser violentos, sexuales y contener muchos aspectos de intimidación), es importante tener en cuenta que las conversaciones en torno a los juegos pueden estar llenas de discursos de odio, vergüenza, estereotipos y mucho lenguaje de "nosotros" contra "ellos".

• **Aplicaciones para crear una marca y conseguir seguidores por dinero**: Algunos ejemplos son LikeToKnowIt, Onlyfans, TikTok, Instagram y otras. Estos sitios ayudan a las personas a crear una marca, un negocio o un grupo de seguidores para que puedan rentabilizar sus gustos, talentos, intereses y activos. Hay muchas señales de alarma cuando se trata de este tipo de actividad. Construir una marca porque un niño sabe cantar o hacer manualidades es una cosa, pero ganar notoriedad por producir contenido sexual es otra. Y ocurre. Sitios como

OnlyFans hacen posible esto último para chicas jóvenes y es absolutamente terrible. Dicho esto, para aquellos niños que tienen una habilidad legítima y quieren monetizarla, es importante que los padres y cuidadores sean conscientes del plan y estén muy involucrados en cada decisión, publicación y conversación en torno a la construcción del talento.

- **Aplicaciones de streaming**: Ya hemos hablado de la frecuencia con la que los niños ven contenidos en streaming. Ya sea que tu hijo esté en Netflix, YouTube, YouTube Kids, HULU, Amazon Prime o muchos otros, los niños pueden perderse en la cantidad de tiempo que pasan transmitiendo contenido. En cuanto a los contenidos, ojalá hubiera normas generales de clasificación que unieran todos los dispositivos digitales de streaming, pero no es el caso. Aun así, se pueden limitar las clasificaciones "Mature", "R" y otras, en general. También puedes limitar las categorías generales (nada de "terror"). También puedes limitar el acceso a través de programas de control parental en algunos de estos dispositivos de streaming como YouTube y Netflix. Sin embargo, los niños sortearán estas limitaciones si quieren, o acabarán transmitiendo contenidos en una plataforma completamente diferente.

- **Aplicaciones pornográficas**: Lamentablemente, hay muchas aplicaciones para adultos o pornográficas. Padres, hay que ser claros como el agua. En la mayoría de los estados, los menores de 18 años no están autorizados legalmente a ver contenidos pornográficos y no deberían hacerlo. Para los mayores de 18, debemos recordar que la pornografía es adictiva, consume tiempo y es cara. Puede conducir a la violencia o a una comprensión poco realista de la intimidad sexual, así como a importantes problemas físicos y psicológicos para el consumidor. Dicho esto, el "cebo" está en todas las aplicaciones para atraer a jóvenes curiosos y vulnerables.

- **Aplicaciones de juego**: Hay muchas aplicaciones de apuestas con dinero real que están autorizadas, verificadas y que se toman en serio la seguridad. Otras no están construidas de la misma manera, por lo que los usuarios siempre deben tener cuidado. Al final, los usuarios pueden perder cientos y miles de dólares antes de que otros miembros de la familia se den cuenta. Como las aplicaciones abarcan desde apuestas deportivas hasta juegos de cartas o apuestas en un casino, muchos pueden encontrar algo que les interese. Aunque la edad mínima legal para jugar varía según el estado (y suele ser 18 ó 21 años), sabemos que niños de tan sólo 10 años forman adicciones al juego online.

- **Aplicaciones ocultas**: Sí, existen aplicaciones diseñadas literalmente para que los niños oculten contenidos a sus padres. Vienen empaquetadas de varias formas, pero tradicionalmente, parecen una calculadora (y de hecho funcionan como tal), pero cuando tu hijo introduce una contraseña, la aplicación desbloquea un espacio secreto donde tu hijo puede volcar contenido que no quiere que veas. Para un niño se trata de privacidad, y si es un lugar donde guarda pensamientos o ideas personales, me parece bien. Sin embargo, si es un lugar donde guardan conversaciones secretas que han tenido con otra persona, no me parece bien. Para un depredador, el secreto crea poder. Nuestros hijos necesitan saber que cualquier cosa que hagan en secreto acabará saliendo a la luz. Además, si mantienen una conversación o comparten una foto con alguien pidiéndole que mantenga el contenido en privado, existe una alta probabilidad de que esas acciones se utilicen en su contra más adelante.

Vale, estoy agotado, ¿y tú? Quizá no sabías que había tantos tipos de aplicaciones. La buena noticia es que no tienes que revisar 2 millones de ellas. Sólo tienes que crear reglas de uso en torno a las categorías, ¡y yo te ayudaré a hacerlo!

Las reglas familiares deben basarse en "función y propósito", ¡y así no tendrás que volver a centrarte en aplicaciones específicas en el futuro! Y ahora, nuestro primer ejercicio.

Ejercicio 1:
Plan Familiar para el Uso de Apps

Ahora tendrás la oportunidad de establecer límites en torno a cada cubo para que tu familia tenga unos parámetros claros y definidos sobre dónde pueden entrar en Internet. Para crear unas normas que tengan éxito en tu familia, debes tener en cuenta quién es tu hijo y su nivel de madurez. Sí, tus normas para cada cubo dependerán de tus valores familiares, pero también deben crearse en función de la edad y madurez de cada niño de la casa. Esto significa que algunas normas familiares pueden aplicarse a todos los miembros de la familia, pero otras variarán para tu hijo mayor, que tiene 16 años, en comparación con tu hijo pequeño, que puede tener 10 años. Dicho esto, debes hacer este ejercicio con cada hijo. Recuerda que estamos desarrollando reglas básicas que se aplican independientemente de la plataforma en la que se encuentren, reglas que son claras y se basan en la intención del espacio y la actividad que crea.

Repasemos cada cubo y respondamos a las siguientes preguntas:

1. ¿Cuál es tu opinión general sobre cada una de estas categorías?

2. ¿Te parece bien que tu hijo utilice este tipo de aplicaciones?

3. ¿Qué categorías son un no absoluto?

¿Tienes áreas grises para algunas de las aplicaciones? Puede que haya categorías que te parezca bien que tu hijo vea (por ejemplo, la categoría "Aplicaciones para crear una marca o tener seguidores"), pero no quieres que cree o comparta contenidos en ellas. Ahora, incluyamos a nuestros hijos en la conversación (ver Consejos para preadolescentes y usuarios más jóvenes en la página 112). ¿Qué piensa tu hijo de cada una de las plataformas en las que está? ¿Son capaces de organizarlas en categorías o cubos? ¿Cuáles son sus favoritas? Tal vez les encanten las plataformas de socialización y realmente las utilicen para socializar. Muchos utilizan aplicaciones creativas para aprender cosas nuevas. ¿Creen que las plataformas de citas son una forma de observar a la gente? (No recomiendo permitir esto).

La cuestión es que mantengas una conversación con ellos y llegues a la raíz de por qué les gustan o no ciertas plataformas. De este modo, les ayudarás a definir la plataforma en su propia mente y a clasificarla en una categoría o cubo. Como familia, podemos desviar la atención de una plataforma que hoy está aquí y mañana no. Este enfoque también proporciona a tu hijo un marco de referencia sobre cómo abordar las plataformas que puede estar utilizando y que tú desconoces por completo. Elaboren juntos normas y directrices familiares para cada tipo de plataforma. A la hora de establecer estas normas, piensa en la finalidad de la aplicación, qué tipo de usuarios la utilizan y si es posible participar en la plataforma pero no involucrarse en ella. Por ejemplo, puedes permitir que tu hijo juegue, pero establecer una norma que le prohíba intercambiar mensajes con cualquier usuario de la plataforma. También debe haber normas familiares duras y claras, como: "Nunca podrás entrar en una plataforma pornográfica".

CONSIDERA EL SEGUIMIENTO POR GPS

En general, la mayoría de las aplicaciones utilizan tu ubicación GPS. Lo verás cuando descargues una aplicación; a menudo te preguntarán si quieres compartir tu ubicación con la aplicación "siempre", "sólo mientras usas la aplicación" o "nunca". Hable de esto con sus hijos. Para la navegación y FindMyiPhone, por ejemplo, siempre querrás compartir tu ubicación. En el caso de una aplicación de restaurante (por ejemplo, Starbucks o Dunkin Donuts), tal vez quieras compartirla sólo mientras usas la aplicación para que puedan ayudarte a encontrar el restaurante más cercano. Pero en el caso de las aplicaciones sociales, de juegos o de cualquier otro tipo, mi recomendación es que nunca compartas tu ubicación. No hay razón para que un niño abra su ubicación a un grupo de personas conocidas y desconocidas para él. ¿Sabe tu hijo qué aplicaciones tienen seguimiento GPS? (En la página 290 encontrarás instrucciones para desactivarlo).

CONSIDERA LOS ACUERDOS/PERMISOS

Ten cuidado con los "acuerdos" que exigen algunas aplicaciones cuando las instalas. Supongamos que subes una foto del carrete de tu cámara a una aplicación que la edita o altera. ¿Qué derechos estás cediendo al hacerlo? Algunas aplicaciones dicen claramente que, una vez que has subido la foto desde tu dispositivo móvil a su plataforma, les has dado permiso para acceder a tu cámara o al carrete. Muchas de estas aplicaciones ni siquiera te permitirán utilizar sus funciones hasta que les hayas dado este permiso.

TEN EN CUENTA LA CLASIFICACIÓN DE LAS APLICACIONES

Todas las aplicaciones están clasificadas. Según la App Store de Apple:

- 4+ significa que la aplicación no contiene material inaceptable.

- 9+ contiene dibujos animados, fantasía o violencia realista leves o poco frecuentes, y contenido maduro, sugerente o de terror leve o poco frecuente.

- 12+ contiene lenguaje suave e infrecuente, frecuentes o intensas apariciones de dibujos animados, fantasía o violencia realista, temas maduros o sugerentes infrecuentes o leves, o simulación de juegos de azar.

- 17+ contiene lenguaje ofensivo frecuente e intenso, dibujos animados, fantasía y violencia realista frecuentes e intensos, temas maduros, de terror y sugerentes frecuentes e intensos, además de contenido sexual, desnudos, alcohol, tabaco y drogas.

Es una buena idea definir cuáles son las normas en función de los cubos/categorías o territorios que presenta una plataforma, pero también, como hábito, haz que tus hijos sepan en qué clasificaciones pueden participar y en cuáles no. Un buen ejercicio es pedirles que compartan contigo sus cinco aplicaciones favoritas en este momento y luego comprobar juntos las puntuaciones de las clasificaciones. ¿Te parece bien lo que encuentras? Ten un plan para las nuevas aplicaciones. Con cada nueva plataforma en la que participe tu hijo, tiene que determinar mentalmente en qué cubo va y aplicar las normas familiares. También deben conocer las normas generales sobre mensajes de texto o chats dentro de la aplicación, compras dentro de la aplicación y qué información se puede compartir antes de descargar una aplicación (por ejemplo, ¿pueden dar la dirección de casa cuando se les pide una dirección? ¿Se les permite compartir información personal sobre la escuela a la que asisten o el curso que cursan?). A medida que trabajen juntos para definir los parámetros de uso de una forma que tenga sentido para la seguridad de tu hijo, ya no temerá perderse las cosas que le gusta hacer, sino que comprenderá la sensatez del plan que estás creando para mantenerlo sano y seguro.

CONSEJOS PARA PREADOLESCENTES Y USUARIOS MÁS JÓVENES:

Si tu hijo es más pequeño y algo de esto va más allá de su nivel de madurez, hay otra forma de tratar este tema: crear reglas generales basadas en algunas características que tienen la mayoría de las plataformas. La mayoría de las aplicaciones tienen seguimiento GPS. ¿Sabe tu hijo lo que eso significa? De las aplicaciones que utiliza actualmente, ¿sabe cuáles lo tienen? ¿Cuál es la norma familiar sobre el seguimiento GPS con plataformas? ¿Qué pasa con los mensajes de texto, vídeo, FaceTiming y los contenidos compartidos? Casi todas las aplicaciones lo tienen. ¿Cuáles son las normas familiares para los mensajes de texto frente a los mensajes de vídeo o FaceTiming frente a los contenidos compartidos? ¿Saben tanto tú como tu hijo cómo un depredador o una persona malintencionada podría querer acceder a ustedes a través de las plataformas en las que está tu hijo? (Lo sabrás. Sigue leyendo.) Podrían hacerse amigos tuyos, seguirte e intentar entablar una conversación por chat o FaceTime.

En definitiva, sean cuales sean las herramientas que utilice la plataforma, intentarán aprovecharse de ellas. Hablaremos de esto con más detalle más adelante, pero saber esto y hablar de cómo tu hijo debe manejar las solicitudes y conversaciones de personas que no conoce le ayudará mucho. Además, pide a los hermanos mayores que den ejemplo de hábitos responsables en Internet, y a los padres que hagan lo mismo.

¿QUÉ PASA CON LOS RETOS Y LAS CARTAS EN CADENA?

Como si no tuviéramos suficiente en qué pensar, además de las muchas aplicaciones que nuestros hijos descargan y con las que se relacionan, también debemos pensar en los "retos" y las cartas en cadena en línea y en las ramificaciones de participar en ellos. De nuevo, el objetivo es pasar de un enfoque micro a un enfoque macro. En lugar de examinar cada uno por separado, creemos una estrategia en torno a los problemas en general.

Los retos son muy comunes. Quizá recuerde el reto del cubo de hielo de la esclerosis lateral amiotrófica (ELA), diseñado para concienciar. Pero, como todo lo demás, ahora las cosas son diferentes. Los retos de hoy plantean un "desafío" o una "tarea" a un niño que, recordemos, no tiene la ventaja de un córtex prefrontal completamente desarrollado y elegirá continuamente el riesgo/recompensa en lugar de la pausa y la precaución. Si un niño hace un reto y lo publica con éxito, es una gran "victoria" para él. Pero para encontrar tracción en el mundo online, buscarán retos, desafíos o tareas que sean más peligrosas, asquerosas o escandalosas para participar y compartir.

Es importante que los padres

- Sepan que existen

- Hablen con sus hijos

- Crear normas familiares en torno a ellos

Del mismo modo, las cartas en cadena de antaño siguen existiendo, pero han evolucionado y están todas en línea. Y al igual que antes, la mente joven de hoy se para a pensar: "¿Qué me pasará si rompo esta cadena?". Existe una preocupación real. Del mismo modo, la promesa de algo poderoso, o bueno -o de que se concederá un deseo profundo si lo cumplen- es a veces (a menudo) demasiado difícil de dejar pasar para una mente en desarrollo.

Y añadamos este dato curioso: muchas de estas cadenas contienen enlaces con malware o incluso spyware. Los niños nunca deben hacer clic en enlaces extraños ni introducir datos personales al firmar o compartir una cadena de cartas.

Ejercicio 2:
Debate familiar en torno a los retos y las cartas en cadena

A continuación encontrarás una lista de retos populares en Internet. Repasa la lista de estos retos con tus hijos y pregúntales:

1. ¿Han oído hablar de él?

2. ¿Qué les ha parecido?

3. 3¿Conocen a alguien que haya participado en ella?

4. ¿Pueden mostrarte un reto divertido, terrorífico o tonto que sea similar?

5. ¿Qué les parece participar?

Es esencial analizar el reto, señalar los posibles peligros e identificar las partes que parezcan ridículas o sin sentido.

Repasémoslas ahora.

RETOS DIVERTIDOS (NORMALMENTE NO PELIGROSOS):

- **Try Not to Laugh Challenge (Intenta no reírte):** Popularizada por YouTubers como Markiplier, esta tendencia consiste en ver vídeos cortos y graciosos e intentar no reírse. Es sencillo e inofensivo, aunque suele haber muchas risas a costa de los demás.

- **Whisper Challenge (Reto del susurro):** Puede que lo hayas visto en el programa de Jimmy Fallon. Una persona lleva auriculares con música a todo volumen. La otra persona dice una frase en voz alta, y la que escucha la música intenta leer sus labios y repetir la frase. La hilaridad está servida.

- **Mannequin Challenge:** Un grupo de personas se reúnen, posan y se congelan en el sitio, y alguien con una cámara se pasea grabando la escena mientras suena música. Hasta los famosos han participado, como Michelle Obama, Ellen y Adele.

DESAFÍOS ALIMENTARIOS (PUEDEN SER PELIGROSOS):

- **Eat It or Wear It Challenge (Cómetelo o Póntelo):** este requiere algo de preparación. Pon diferentes alimentos en bolsas separadas y numéralas. Un jugador elige un número, comprueba la comida y decide si se la come o se la pone. Si se lo comen, pueden tirar el resto sobre la cabeza de otro jugador. Si eligen llevarlo, puedes adivinar lo que ocurre. Este reto es de bajo riesgo, aparte de un gran lío (y alergias alimentarias).

• **Desafío del pimiento picante:** probablemente lo adivines. Cómete un pimiento muy picante, como un habanero o un pimiento fantasma, mientras te grabas sufriendo y bebiendo leche para intentar detener el ardor. Aunque la mayoría de la gente sale ilesa, ha habido algunos casos de personas que han acabado en el hospital.

• **Reto de la canela:** come una cuchara llena de canela, tartamudea y se ahoga, y grábalo todo para que los demás lo disfruten. Una vez más, aunque puede haber alguna molestia temporal, la mayoría de los niños no se harán daño, pero algunos sí.

DESAFÍOS FÍSICOS (PUEDEN SER PELIGROSOS):

• **Desafío de la mochila:** Es un poco como correr un guante. Una persona corre entre dos filas de personas que intentan golpearte con pesadas mochilas. El objetivo es llegar al final sin caerse, pero nadie lo consigue nunca. Por supuesto, es fácil que los niños se hagan daño haciendo esto.

• **Kylie Lip Challenge:** Oh, Kylie Jenner y sus labios. En un esfuerzo por replicarlos, los niños se ponían un vaso de chupito sobre la boca, aspiraban y hacían que sus labios se hincharan artificialmente. No solo puede causar daños, sino que también puede ser un indicador de inseguridades corporales y la emulación de estándares de belleza imposibles.

RETOS PELIGROSOS (DEFINITIVAMENTE PELIGROSOS):

- **Devious Licks Challenge**: Este reto pide a los estudiantes que destruyan propiedad escolar y publiquen el vídeo. Recientemente ha cambiado para incluir la agresión a profesores u otras personas del centro como parte de la creación del vídeo viral. Muchos estudiantes han sido detenidos y acusados por este tipo de actividad, y TikTok (la principal plataforma donde se originó) ha prometido prohibir los vídeos.

- **Reto de la asfixia, o el desmayo**: Para colocarse o desmayarse, los chicos asfixian a otros chicos, se presionan el pecho o hiperventilan. Obviamente, esto es muy arriesgado y ha provocado muertes.

- **Tide Pod Challenge**: Morder una bolsita de detergente no es una buena idea, pero los niños lo hacen y publican vídeos con los resultados. Como el revestimiento exterior de las bolsitas está pensado para disolverse, liberan sus componentes en la boca del niño muy rápidamente y provocan quemaduras químicas y problemas renales y pulmonares.

- **Desafío de la ballena azul**: Aunque algunos desafíos son físicamente peligrosos, este asusta de verdad a los padres. A lo largo de 50 días, un "administrador" anónimo asigna tareas para autolesionarse, como cortarse, hasta el día 50, cuando se supone que el participante debe suicidarse. Se rumorea que empezó en Rusia. Hay noticias de suicidios relacionados con este reto, pero no están verificadas y probablemente no sean ciertas. Se dice que aparecieron aplicaciones relacionadas con el Reto de la Ballena Azul y luego fueron eliminadas. La mayor preocupación son los adolescentes que están en riesgo y pueden ser susceptibles a las tendencias y los medios de comunicación sobre el suicidio, porque incluso si el desafío comenzó como un incidente aislado o un engaño, podría llegar a ser real.

• **Squid Games Challenge o Honeycomb Challenge**: En el que los participantes intentan crear una fina lámina de panal y luego tallar una forma utilizando sólo un alfiler. El fino caramelo no puede romperse. El problema es que los niños, algunos de tan sólo 6 años, sufren graves heridas o quemaduras al intentar hacer la base de azúcar.

• **Desafío Run the Gauntlet**: Los participantes van a sitios específicos y ven vídeos extremadamente horribles uno detrás de otro hasta llegar al final de la serie de vídeos, cada uno de los cuales es mucho peor que el anterior. La idea es que si consigues ver todos los vídeos, te habrás insensibilizado a todo lo que hay en Internet. En cuestión de segundos, los niños acceden a los contenidos más viles y horribles que la humanidad puede ofrecer, lo que de hecho puede dañarles profundamente desde el punto de vista emocional.

POR QUÉ ES IMPORTANTE

Si estás pensando que esto podría ser un ejercicio mundano para niños listos para cenar, recuerda que la mayoría de los niños tienen un teléfono móvil a finales de la escuela primaria. Debemos iniciar estas conversaciones cuando son pequeños. Recuerde también que los niños necesitan comprender los matices del paisaje que recorren para asegurarse de que no tropiecen con el "señuelo" de nada negativo. También queremos asegurarnos de que estas conversiones crecen con ellos, dondequiera que se encuentren en línea..

Y por último, nunca subestimemos el poder de las masas. Cuando millones de personas encuentran divertido o fascinante un reto, una tarea o un desafío, rápidamente atraerá a otros, incluso a aquellos que crees que nunca estarían interesados. Admitámoslo, la mayoría de nosotros nos detendríamos a ver estos vídeos. Los niños eligen detenerse y añadir contenido.

¿QUIERES TIRAR LA TECNOLOGÍA POR LA VENTANA?

Puede que algunos padres que lean esto quieran tirar la tecnología por la ventana y acabar con ella. Créeme, ¡yo sí quiero! Pero no podemos. Es la forma en que todos nos comunicamos, especialmente nuestros hijos. El lenguaje actual de socialización entre los jóvenes es a través de la comunicación en línea: aplicaciones, redes sociales, mensajes de texto, mensajes de texto, juegos, seguidores, etc. Es su realidad. Como he dicho antes, en mi opinión, es difícil prohibir a un niño en el mundo de hoy que se conecte a Internet. Pero esa es la razón por la que estamos haciendo el importante trabajo de dedicar tiempo a la construcción de un cinturón de herramientas perenne construido sobre una base de protección.

Y recuerden, padres, que nuestros hijos tienen infinidad de formas de acceder al mundo online:

- Su smartphone

- Tu smartphone

- Tabletas: no sé con cuántos padres hablo que me dicen: "Oh, no le voy a dar un móvil al pequeño Bobby hasta que tenga 14 años", pero el pequeño Bobby tiene un iPad con acceso completo a Internet y plataformas de streaming, aplicaciones de juegos, etc. desde que tenía ocho años.

- Kindle

- Su ordenador

- Tu ordenador

- Aparatos electrónicos de sus amigos

- Aparatos electrónicos del colegio

Y no olvidemos que aunque les hayas prohibido tener apps, muchos siguen teniendo las cuentas. Padres, he hablado con muchos niños que borran su aplicación de Instagram cada mañana para pasar un "control parental", pero vuelven a instalar la aplicación en cuanto recuperan el teléfono o simplemente entran en www. instagram.com para ver y gestionar sus cuentas. Claro, estos padres controlan el tiempo de pantalla y miran los historiales de búsqueda, pero los niños de hoy en día saben cómo evitar todo eso.

HACK PARA PADRES: Hay un lugar en el teléfono que rastrea dónde ha estado el usuario y la cantidad de tiempo que ha pasado en cada aplicación que no se puede alterar. Esta mágica fuente de información se encuentra en la sección "uso de la batería" del teléfono, y es muy sencillo comprobarlo:

- iPhone: ve a AJUSTES → BATERÍA y espera a que se cargue la información. Verás el tiempo de pantalla de un niño y cuánto tiempo ha pasado en varias apps. Se mostrará el tiempo de las últimas 24 horas y de los últimos 10 días. Aquí hay una captura de pantalla real de mi teléfono en este momento.

- Android-visita AJUSTES→BATTERÍA y toca el menú de tres puntos en la parte superior derecha. En el menú que aparece, pulsa "Uso de la batería". Accederás a una pantalla que muestra una lista de las aplicaciones que han consumido tu batería desde la última carga completa. Para obtener una lista completa de detalles, vuelve a pulsar el botón de menú de tres puntos de la parte superior derecha y selecciona "Mostrar todo el uso del dispositivo" para ver información de procesos del sistema como el propio sistema operativo.

Por mucho que los niños lo intenten, no podrán manipular esta información. Te mostrará claramente qué aplicación ha estado utilizando un niño, así como cuánto tiempo ha pasado.

Ajustes del sistema Androi

Ajustes del sistema iPhone

BUENAS NOTICIAS

En una cultura cada vez más centrada en las causas, hay muchas cosas buenas que los jóvenes pueden aprovechar en Internet. Anima a tus hijos a seguir las obras de caridad que se llevan a cabo donde vives, en tu estado y en todo el mundo. Participemos en retos positivos en Internet y ayudemos a que las cosas buenas se hagan virales. ¿Y adivina qué? Los niños que siguen un compromiso en línea más positivo se sienten personalmente menos ansiosos y cultivan un compromiso más auténtico, y todos salimos ganando.

Muy bien, padres, buen trabajo con las aplicaciones, los retos y las cartas en cadena. Se han mojado los pies con la idea de tener conversaciones más profundas con sus hijos, y entiendo que para algunas familias, esto por sí solo puede ser un reto. Pero continúen. A continuación, nos sumergiremos en mis cuatro herramientas para mantener a los niños lo más seguros posible en Internet.

LAS CUATRO HERRAMIENTAS ELÉCTRICAS

Herramienta 1:
Define tu marca online

*"Toda interacción, en cualquiera de sus formas,
es branding".*

SETH GODIN, AUTOR, PROFESOR, EMPRESARIO

Ahora entramos en mi parte favorita del libro, y estoy segura de que también será la suya: las cuatro "herramientas poderosas". Estas son soluciones que provienen de mis incontables horas de investigación y experiencia en esta industria desde 2006, cuando comencé a trabajar para Crime Stoppers. A lo largo de los años, he estudiado activamente a los jóvenes y todo lo que crea peligro en sus vidas. El nexo entre el desarrollo de los jóvenes, su participación en el mundo en línea, los riesgos inherentes, el papel que desempeñan los padres, la falta de comprensión de los padres y la exploración de soluciones estratégicas y permanentes. Baste decir que los próximos capítulos son el resultado de muchas (muchas, muchas) horas de investigación, conversaciones, presentaciones, ensayo y error, y sudor y lágrimas a la antigua usanza. Lo que he descubierto en toda mi investigación es que hay cuatro áreas principales de participación en línea que hacen que nuestros hijos sean vulnerables. Si podemos dotar a nuestros hijos de conocimientos y estrategias en estas cuatro áreas, podremos abordar todos los problemas del mundo online. Y lo mejor de todo es que las soluciones que voy a compartir con ustedes perdurarán en el tiempo, independientemente de cómo cambie el panorama del mundo online o del nivel de comprensión de los padres al respecto. Las cuatro áreas que abordan mis cuatro herramientas son el propósito, la comunidad, el compromiso y la publicación.

Las cuatro herramientas harán lo siguiente:

- Guiarte a ti y a tu hijo a través de un debate real sobre las razones subyacentes por las que están en línea y definir cómo quieren presentarse ante la comunidad en línea. Esta es una pieza fundamental para toda su participación en Internet.

- Ayúdale a comprender quién forma parte de su comunidad en línea, así como la comunidad en línea que no ve pero con la que interactúa.

- Ayúdale a ser consciente de las amenazas internas y externas de estar en línea y a desarrollar una estrategia de salida para cuando se encuentre con algo potencialmente dañino.

- Haz que entienda realmente las normas de participación, para que pueda estar preparado para enfrentarse a cualquier amenaza que se le presente.

- Anímales a publicar siempre y en todo momento de forma segura, a saber lo que eso significa, y dales un marco que quieran seguir.

A lo largo de las cuatro herramientas, habrá preguntas y ejercicios que podrás hacer con tu hijo. Quiero animarte a que primero leas todas las herramientas para que entiendas bien cómo encajan entre sí. Después, tómense su tiempo para repasar cada herramienta y responder a las preguntas en familia.

¿Estás preparado? Manos a la obra...

HERRAMIENTA 1: DEFINA LA MARCA ONLINE DE TU HIJO

Vale, padres, sé que acabo de perder a la mitad de ustedes. Pero quédense conmigo un momento. No estoy sugiriendo en absoluto que tu hijo sea un producto o una mercancía, pero consideremos la verdadera definición de una marca. En marketing, tu marca, en términos sencillos, se reduce a la imagen que tienes, así como a la impresión que dejas en la gente en el mercado. Todos tenemos una marca, por así decirlo, porque todos dejamos una impresión en la gente. Pero para "dar un poco de color" a la idea, he aquí lo que algunos de los mejores empresarios tienen que decir sobre la marca:

"Tu marca es lo que los demás dicen de ti cuando no estás en la sala".

—JEFF BEZOS, FUNDADOR Y PRESIDENTE EJECUTIVO DE AMAZON

"La marca es solo una percepción, y la percepción se ajustará a la realidad con el tiempo".

—ELON MUSK, FUNDADOR, CONSEJERO DELEGADO E INGENIERO JEFE DE SPACEX; TECHNOKING DE TESLA

"Cada interacción, en cualquiera de sus formas, es branding".

—SETH GODIN, AUTOR, PROFESOR, EMPRESARIO

"Tu marca expresa el valor que aportas. Eres tú".

—AMY LOCURTO, FUNDADORA DE LIVINGLOCURTO.COM Y IHEARTFACES.COM

Nos demos cuenta o no, cada uno de nosotros está continuamente reforzando o redefiniendo nuestras marcas con cada elección que hacemos. Llevo mucho tiempo trabajando en los medios de comunicación y el marketing, y las empresas comprenden la importancia del branding y hacen todo lo posible por definir y proteger sus marcas. He visto las muchas preguntas orientativas que se hacen las empresas. ¿Es clara la marca? ¿Qué representa en todo momento? ¿Todas las asociaciones con la marca apoyarán la imagen de marca y atraerán al cliente ideal? Algunas grandes empresas gastarán millones de dólares en determinar su logotipo, que es la imagen gráfica que representa quiénes son, y el lenguaje, el lema, los eslóganes y las imágenes que forman parte de su marca, preguntándose: "¿Qué impresión deja esto?". La agencia de marketing elaborará una carpeta de cinco centímetros de "directrices de marca" en la que se detallará cómo puede y no puede utilizarse el logotipo en los distintos medios. También se centran en las afiliaciones y en cómo pueden ayudar o perjudicar a la marca. Cuando una empresa decide cómo posicionar su producto en el mercado, siempre lo hace con el telón de fondo de si el posicionamiento o las asociaciones apoyan la imagen, la marca, que está tratando de retratar.

Por ejemplo, Lexus, una marca de coches de lujo de gama alta, nunca se ha desviado de su mensaje de lujo y se asocia con las artes de gama alta, como el ballet, porque las artes se alinean con su marca. Nike se aferra al lenguaje inspirador y motivador, patrocinando eventos deportivos y atletas porque eso alimenta a su público objetivo. Los deportistas se alían con marcas empoderadoras porque eso coincide con su deseo personal de empoderar. Las celebridades no son diferentes y, aunque son "personas, no productos", tienen equipos enteros constantemente pendientes de su imagen, contenido y posibles asociaciones y colaboraciones. ¿Por qué hacen esto las empresas, los deportistas y los famosos? Porque entienden que la gente se forma opiniones basadas en lo que uno expone al mundo. Saben que, para ser duradero en el mercado, hay que pensar de forma astuta y continua en su imagen, su marca, y protegerla ferozmente. También conocen la importancia de crear una cuerda floja de directrices para no dar un paso en falso. Si no son diligentes a la hora de proteger su marca, ponen en peligro su empresa y su fama (o persona).

El mismo tipo de pensamiento es válido para tu hijo. Un mensaje equivocado podría crear una marca equivocada, una impresión equivocada de tu hijo, y eso podría ponerlo en peligro. ¿En riesgo de qué? A riesgo de perder amigos, seguidores y oportunidades potenciales en el futuro. También corren el riesgo de atraer a las conexiones equivocadas e incluso a depredadores (sobre lo que hablaré en breve). Así pues, cada uno de nosotros debe construir su marca cuidadosamente y protegerla con firmeza. Y debemos hacerlo navegando en "tiempo real" por los cambios en la cultura, el lenguaje y la opinión. Las personas más inteligentes lo hacen sabiamente, sin que los demás se den cuenta. En pocas palabras, tu marca es una declaración resumida que define quién eres y qué representas. Protegerla es sumamente importante.

"Pero mi hijo no es ni una empresa ni un famoso".

Sí y no; de hecho, te pido que mantengas ese pensamiento mientras consideras que el mundo online es muy diferente del mundo real. En el mundo online, una "celebridad" es alguien que tiene influencia y seguidores. Algunos niños persiguen el estatus de convertirse en una persona influyente (celebridad) en Internet, mientras que otros simplemente están allí para divertirse y socializar o para hacerse populares entre sus compañeros.

En cualquier caso, entender que todos somos marcas online nos da una idea clara de la importancia de la "voz" de cada uno, de lo que publica y de cómo interactúa con los demás. Nos permite convertir todos los intangibles grises de la interacción en línea: comentar, compartir, transmitir, crear contenido, etc., en espacios definidos donde los pasos de acción concretos y los principios rectores van con ellos a cualquier parte que vayan en línea, incluso cuando mamá o papá no les "siguen". Y adivina qué, nuestros hijos entienden intrínsecamente el impacto de lo que estoy diciendo aquí, aunque no se hayan parado a pensar en cómo se relaciona con ellos personalmente.

Hace poco hice cuatro preguntas a 100 niños (de 12 a 25 años) a través de una encuesta de Instagram. Los resultados son muy reveladores:

1. Lo que publicas en las redes sociales, ¿define quién eres?

   - El 49% respondió "Sí, es un reflejo".

   - **51% respondió "No, postea lo que sea". (respuesta mayoritaria)**

2. Lo que te gusta en las redes sociales, ¿define quién eres?

   - El 39% respondió "Sí".

   - **El 61% respondió "No pienso en ello". (respuesta mayoritaria)**

3. Lo que comentas, ¿define quién eres?

   ▪ El 49% respondió "¡Sí, absolutamente!".

   ▪ **El 51% respondió "No piense en ello". (respuesta mayoritaria)**

Pero aquí viene lo bueno… luego pregunté:

4. Te has formado opiniones de gente que no conoces basándote simplemente en lo que publican (es decir, son simpáticos, malos, graciosos, lujosos, tienen una gran vida, son personas promiscuas u otras opiniones)?

   ▪ **67% "Sí". (respuesta mayoritaria)**

   ▪ 33% "La verdad es que no".

Los niños se forman intrínsecamente opiniones de los demás y definen a los demás por sus publicaciones, likes y comentarios -todo lo cual crea una imagen o marca online-, aunque no se dan cuenta de que lo mismo se aplica a ellos mismos. Y como no logran establecer una conexión personal, tienden a publicar "lo que sea". Esto es lo que tenemos que abordar y cambiar. El hecho es que la mayoría de las interacciones de tu hijo podrían ser con personas que literalmente no conoce, y todo esto puede y tendrá un impacto en su futuro. Las universidades, los empresarios, los monitores de campamentos, los becarios o cualquiera que quiera saber algo de tu hijo lo buscará en Internet y se formará una opinión de él del mismo modo que tu hijo se forma una opinión de los demás basándose en sus publicaciones. Y sabemos muy bien que estas opiniones duran toda la vida y pueden tener ramificaciones muy serias en el futuro.

Tomemos un ejemplo moderno de alguien de quien probablemente hayas oído hablar: Chrissy Teigen. Chrissy está casada con John Legend. Es una modelo muy querida, presentadora de televisión, animadora y cocinera famosa con millones de seguidores en Instagram y Twitter. La gente ha acudido en masa a su página durante años, atraída por su lengua afilada y sus bromas. Pero las cosas cambiaron cuando la gente empezó a indagar en sus publicaciones anteriores, que se remontaban a hace 10 años, y descubrió que Chrissy era más bien una abusona. Esto provocó una tormenta en las redes sociales y puso en peligro toda su marca. En respuesta, Teigen tomó Twitter para escribir[64]:

12 de mayo

No mucha gente tiene la suerte de tener que rendir cuentas por todas sus tonterías del pasado delante de todo el mundo. Estoy mortificada y triste por lo que solía ser. Era un troll inseguro que buscaba llamar la atención. Estoy avergonzada y completamente abochornada por mi comportamiento, pero eso no es nada comparado con cómo hice sentir a Courtney {el objetivo}. He trabajado tan duro para darles alegría y ser queridos y el sentimiento

---

64   https://twitter.com/chrissyteigen

de defraudarlos es casi insoportable, de verdad. Estos no han sido mis únicos errores y seguramente no serán los últimos por mucho que lo intente pero ¡¡¡Dios, lo intentaré!!!

He intentado conectar con Courtney en privado, pero ya que he alimentado todo esto públicamente, quiero también disculparme públicamente. Lo siento mucho, Courtney. Espero que puedas curarte ahora sabiendo lo profundamente arrepentida que estoy. Y siento mucho haberos decepcionado. Siempre trabajaré para ser mejor de lo que era hace 10 años, hace 1 año, hace 6 meses.

En el mundo offline, o lo que conocemos como el "mundo real", los comentarios desaparecen casi de inmediato. La gente pasa página. Los espectadores no se involucran demasiado en los escenarios de "él dijo/ella dijo". Pero en Internet, todo lo que se publica dura toda la vida. Se guarda registro de todo lo que publicas, todo lo que buscas y todo lo que pulsas. Incluso si borras una publicación, puede seguir apareciendo en los feeds de los demás, y puede seguir viviendo con una persona que haya hecho una captura de pantalla de ella. Todo lo que se publica en Internet dura toda la vida. (Sí, voy a repetirlo una y otra vez).

Chrissy Teigen es famosa y muy influyente. Está casada con una leyenda. Pero ni siquiera ella pudo sobrevivir al poder de los tuits antiguos y a cómo dañaron su marca. Perdió mucho respeto y muchos fans. Algunos podrían argumentar que no protegía su marca. Otros podrían argumentar que simplemente se sentía "por encima de todo". Durante 10 años no fue un problema, pero un día lo fue y ya no hay vuelta atrás.

No se trata sólo de perder fans y seguidores. También está la historia de Alexi McCammond, editora de Conde´Nast y Teen Vogue que, al parecer, se vio obligada a dimitir después de que resurgieran unos tuits racistas de hace una década. McCammond dimitió apenas dos semanas después de que la empresa la nombrara para el puesto de sus sueños. En su declaración en Twitter, dijo: "Los tuits del pasado han eclipsado el trabajo que he hecho para destacar a las personas y los temas que me importan."

Los tuits fueron escritos en 2011, cuando McCammond era una adolescente. Los adolescentes dicen y hacen cosas que no siempre les caracterizan, como todos sabemos. Pero eso no importa en el mundo online. Si McCammond hubiera definido su marca como joven usuaria de Internet y lo hubiera hecho con intención ya entonces, consciente de los efectos y consecuencias a largo plazo, quizá no habría publicado nada como lo hizo.[65]

Más allá de la pérdida de negocios y empleos, los estudiantes universitarios están siendo expulsados de la escuela y expulsados en todo el país por las mismas razones. Recientemente, una universidad de Georgia expulsó a un

---

65   https://twitter.com/alexi/status/1372603793825751040?s=20 https://www.nytimes. com/2021/03/18/business/media/teen-vogue-editor-alexi-mccammond.html

estudiante que utilizó insultos racistas en las redes sociales alegando que "esas opiniones no tienen cabida en nuestro campus ni en nuestra comunidad y actuaremos con decisión cuando nos enfrentemos a ellas".[66] No dejes que esto le ocurra a tu hijo. Esta primera "herramienta" consiste en pensar en el futuro y ser consciente del impacto de sus acciones.

LLEVARLO A CASA: HABLEMOS DE ELLO

Estas historias son aleccionadoras y esperamos que te hagan reflexionar. Ahora es el momento de llevar todo esto a casa, a tu casa. A continuación te proponemos algunas preguntas que puedes comentar con tus hijos para ayudarles a entender y definir su marca y concienciarles de la importancia de cada interacción en Internet. Dentro de un rato profundizaremos un poco más en este tema, pero por ahora empieza con una conversación. Antes de tener esta conversación, lee las historias de este capítulo con ellos. Elige con cuidado un momento en el que tú y tu hijo preadolescente/adolescente puedan mantener una buena comunicación. Por ejemplo, algunos chicos están demasiado cansados después del colegio o de hacer deporte para este tipo de conversaciones y les va mejor alrededor de la mesa o antes de acostarse.

---

66   https://www.nbcnews.com/news/us-news/georgia-college-student-who-used- racial-slur-social-media-post-n1225936

Ejercicio 3:
Debate sobre la marca familiar

1. ¿Quiénes son tus influencers online favoritos? ¿Hay alguien en Internet (conocido en la vida real o a quien simplemente sigues) a quien solías admirar pero luego descubriste que era un fraude total? ¿Qué pasó con ellos? ¿Cómo fue el ascenso y la caída? ¿Fue rápido? Qué pensabas personalmente de esa persona antes y después?

2. Cuando publicas en Internet, ¿piensas en lo que los demás pensarán de ti?

   a. Si la respuesta es afirmativa: ¿Publicas porque quieres decir algo? ¿Publicas porque quieres gustar a la gente? ¿O lo haces para conseguir likes?

   b. Cuando te gusta la publicación de otra persona en Internet, ¿crees que lo que te ha gustado refleja quién eres?

3. Cuando compartes el post de otra persona en Internet, ¿crees que lo que has compartido refleja quién eres?

4. Cuando comentas el post de otra persona en Internet, ¿crees que lo que has compartido refleja quién eres?

5. ¿Te formas opiniones de otras personas basándote en lo que publican, les gusta o comparten?

6. ¿Qué opiniones te formas cuando alguien publica algo? Elige tantas como quieras:

   a. Un post amable significa que lo ha publicado una persona amable.

   b. Un post malvado significa que lo ha publicado una persona malvada.

   c. Un mensaje gracioso significa que lo publicó una persona graciosa.

   d. Creo que la mayoría de la gente interpreta un papel en Internet y lo que publica no es su verdadero yo.

   e. No me importa lo que publican, pero me fijo en cómo tratan a los demás en Internet.

   f. Un post puede hacerte parecer superficial.

   g. Me formo opiniones de la gente basándome en lo que publican.

   h. No creo que publique lo suficiente como para que la gente se forme una opinión de mí.

   i. Otra cosa

7. ¿Qué opiniones te formas cuando a alguien le gusta algo? Elige tantas como quieras:

   a. Que te guste un post amable significa que eres una persona amable.

b. Que te guste un post malo significa que eres una persona mala.

c. Si te gusta un post gracioso tienes sentido del humor.

d. Creo que a la mayoría de la gente le gusta que los mensajes sólo le gusten a la persona que los publica.

e. Creo que la mayoría de la gente interpreta un papel en Internet y que lo que les gusta no muestra realmente su verdadero yo.

f. No me importa lo que les gusta, pero sí lo que publican.

g. Otra cosa

8. ¿Qué opiniones te formas cuando alguien comparte algo? Elige tantas como quieras:

a. Compartir un post amable significa que eres una persona amable.

b. Compartir un post malo significa que eres una persona mala.

c. Compartir un post gracioso significa que tienes sentido del humor.

d. Creo que la mayoría de la gente comparte publicaciones sólo para gustar a la persona que las publica.

e. Creo que la mayoría de la gente interpreta un papel en Internet y lo que comparte no muestra realmente su verdadero yo.

f. No me importa lo que comparten, pero sí lo que publican.

g. No me importa lo que comparten pero sí lo que les gusta.

h. Creo que no comparto suficientes posts como para que la gente se forme opiniones sobre mí

i. Otra cosa

9. ¿Cuál de los siguientes factores influye más en los demás en Internet?

a. Número de seguidores

b. Cómo se comportan en Internet

c. Cómo son

d. Estilo de vida/experiencias percibidas

e. Su círculo de amistades

f. La fama

10. ¿Crees que es justo decir que te formas opiniones de los demás basándote únicamente en lo que les gusta?

11. ¿Podrías decir que alguien te gusta o no te gusta basándote en su personalidad online?

12. ¿Has pasado de que alguien te guste a que no te guste basándote completamente en lo que ha publicado, gustado, comentado o compartido?

13. ¿Crees que es posible perder un trabajo o la oportunidad de ir a una determinada universidad por lo que publicas en Internet?

   a. ¿Has oído alguna vez que esto le haya ocurrido a alguien que conozcas?

   b. ¿Sabes lo que es una marca? En caso afirmativo, ¿qué es?

   c. ¿Puede una persona ser una marca? En caso afirmativo, ¿cómo?

Antes de publicar, ¿te paras a pensar: es esto algo que yo diría o haría cara a cara? ¿Me parecería bien que esta foto/cita mía se colgara en los pasillos del colegio?

Ahora, preguntemos a los niños sobre nosotros, los padres. Se trata de preguntas vitales que hay que pedirles que respondan con sinceridad. Por favor, no te enfades con sus respuestas. Elogia la honestidad mientras trabajas los momentos chocantes.

1. ¿Qué piensan tus padres sobre el uso que haces de las redes sociales?

2. ¿Tus padres saben realmente lo que publicas?

3. ¿Saben por qué estás en las redes sociales?

4. ¿Tienen acceso a tus cuentas?

5. ¿Han hablado tus padres contigo sobre seguridad online?

6. ¿Te gustan sus publicaciones?

7. ¿Alguna vez te avergüenza lo que comparten?

Lo que publicamos, nos gusta, compartimos y comentamos se queda con nosotros y nos define (¡y eso está bien!). Por eso la primera herramienta de nuestra caja de herramientas empieza aquí. Padres, empecemos por ayudar a nuestros hijos a centrarse en lo que es su marca y en lo que ellos/ustedes quieren que sea.

PLAN DE ACCIÓN "DEFINE TU MARCA"

A continuación hay una lista de preguntas iniciales que te ayudarán a sentar las bases de la marca de tu hijo y de su plan estratégico general en Internet. Recuerden, padres, que no les estamos diciendo a nuestros hijos que NO publiquen ni participen en Internet, sino que queremos que sepan por qué están en Internet, qué esperan conseguir con su participación en la Red y cómo comportarse en Internet teniendo en cuenta las repercusiones. Responder a estas sencillas preguntas creará una hoja de ruta duradera sobre lo que es adecuado para ellos y para su familia.

Cuando hagas estas preguntas, deja que tu hijo sea sincero, ¡por favor! No intentes que su respuesta se ajuste a lo que tú quieres, sino que salga de su corazón. Si tu hijo te mira y te dice,

"Todo lo que quiero es ser famoso y hacerme viral", eso es una victoria absoluta, incluso si no es lo que tú quieres, y verás por qué a medida que avancemos. Invitarte a participar en ese proceso y permitir que les guíes les ayudará a navegar por el mundo online con más seguridad. Si desapruebas sus objetivos finales, al menos párate a celebrar que se den cuenta de cuáles son realmente esos objetivos y luego hablen juntos de sus preocupaciones de una forma que empiece por estar en la misma página. En ese caso, mantener una conversación sincera y reflexionar sobre lo que significa ser famoso o convertirse en viral (por ejemplo) puede hacerles ver que quizá no sea lo mejor para ellos. Y adivina qué: puede que sea la primera vez que lo digan en voz alta y tengan la oportunidad de reflexionar sobre ello. O puede que sea el principio de una oportunidad para ir a por algo y ver qué pasa.

Lo más importante en todo esto es mantener conversaciones sinceras y abiertas. Queremos ayudar a nuestros hijos a compartir abiertamente con nosotros, a tomar el control de la configuración de su identidad en Internet y a empezar a pensar en sus publicaciones para que dejen de publicar de forma perezosa y no estratégica. Y, padres, lo más probable es que sus hijos cambien de opinión con el tiempo. Al fin y al cabo, sólo son niños. Y como es probable que cambien de opinión con el tiempo, les sugiero que programen esta conversación como un "chequeo" anual para asegurarse de que siguen en la misma línea.

Ejercicio 4:
Preguntas iniciales sobre el desarrollo de la marca

Las siguientes preguntas sirven para que tú y tu hijo tengan algo en lo que pensar mientras leen la siguiente sección. No te preocupes si tu hijo no puede responder a estas preguntas inmediatamente. Desarrollar una marca lleva tiempo y las siguientes orientaciones te ayudarán.

1. ¿Por qué está tu hijo en Internet? (Es posible que no pueda responder inmediatamente a esta pregunta. Consulta la siguiente sección).

2. ¿Reconoce que tiene una marca o una imagen? ¿Se dan cuenta de que son una marca independientemente de dónde estén en Internet y de lo que publiquen, compartan, les guste o comenten? (Recuerda, esto no es malo – es sólo una comprensión importante para navegar en un plan claro hacia adelante).

3. ¿Qué piensan que es su marca actualmente?

4. Padres, ¿cuál creen que es su marca actualmente?

5. Si pudieran soñar con una marca que les reflejara, ¿cuál sería?

6. ¿Qué debe cambiar?

EMPEZAR CON "POR QUÉ"

¿Por qué está tu hijo realmente en Internet? Esta es una de las preguntas más importantes. En cualquier ámbito, tenemos que empezar por el "por qué", porque el "por qué" determina todo lo demás: quién, qué, cuándo, dónde y cómo. Debemos saber por qué nuestros hijos están en Internet y qué esperan conseguir en la red antes de poder ayudarles a consolidar su marca y saber adónde debe ir.

Profundicemos en la primera pregunta.

Tu hijo está en Internet para:

- ¿Ser visto?

- ¿Ser consumido?

- ¿Hacerse famoso?

- ¿Ganar dinero o vender productos?

- ¿Crear productos?

- ¿Desarrollar relaciones? ¿De qué tipo? Esto es importante Algunos niños se deleitan con la realidad social/antisocial de la socialización en línea. Pueden mantenerse en contacto con los demás sin tener que salir. Otros intentan crear un ejército de amigos o buscan relaciones especiales. La cuestión es: ¿Te has planteado alguna vez estas preguntas a tu hijo? Ahora es el momento.

- ¿Simplemente ser sociable?

- ¿Conectar con tanta gente como sea posible?

- ¿Golpear a los demás?

- ¿Mostrar amor?

- ¿Mostrar odio?

- ¿Ser popular?

- ¿Pasar el rato?

- ¿Compartir sus emociones/creatividad?

- ¿Ayudar a comprometerse cuando en realidad son introvertidos?

Puede haber muchas respuestas a esta pregunta, y las respuestas pueden cambiar muchas veces, pero por favor, haz este ejercicio y hazlo cada pocos meses para comprobar cómo están tus hijos y hacia dónde van sus vidas online. Una vez que sepas por qué están en línea, podrás empezar a definir cuál debe ser su marca. Esos dos factores sentarán las bases para todo lo demás.

Ejemplo 1: "Quiero ser famoso" o "Quiero que me vean".

Una reunión con 333 jóvenes de 9 a 15 años puso de manifiesto lo siguiente:

- El 80% tiene teléfono móvil

- El 100% se conectaba a Internet a diario

- El 100% ve regularmente la televisión y YouTube

Sorprendentemente, el 40% clasificó la "fama" en primer lugar en una lista de siete valores (sentimiento de comunidad, imagen, benevolencia/bondad, fama, autoaceptación, éxito financiero y logros).[67]

Y admitámoslo, un niño que busca la fama en Internet no es un anómalo. Muchos niños quieren ser famosos en Internet. Un niño que quiera ser "famoso" (una celebridad o una persona influyente) o ser "visto" como alguien popular con muchos seguidores, tendrá que construir intencionadamente un grupo de seguidores que confíen en su marca coherente.[68] Lo más probable es que este niño tenga una cuenta pública, que le sigan personas desconocidas para todos ustedes y que se encuentre con cosas en Internet que no son apropiadas para su edad. Todas estas cosas se tratarán en las otras tres herramientas, pero ahora mismo, nuestro objetivo es mantener conversaciones sinceras que ayuden a los niños a hacer lo que van a hacer de la forma más segura posible. (Para el niño que quiere ser famoso, es fundamental que reconozca que es una marca, que defina qué es esa marca y que entienda que debe ser fiel a ella. También tienen que saber que otras personas que no les conocen en la vida real se formarán opiniones basándose únicamente en lo que

---

67   https://www.greatschools.org/gk/

68   Padres, al escribir esto, lo hago únicamente desde la perspectiva de la seguridad del niño. Aunque voy a hablar de cómo construir una marca coherente, lo que realmente estoy intentando hacer es crear una cuerda floja para que nuestros hijos se agarren a ella, utilizando términos y un concepto que entiendan. El concepto de centrarse en una marca y definirla contigo realmente les ayudará a evitar cometer graves errores en Internet, ahora y en el futuro.

publican, les gusta, comentan y comparten. Deben cuidar sus publicaciones en consecuencia, ya que esto será necesario para el éxito y la seguridad. No estoy diciendo que no puedan ser creativos, tontos, divertidos o aleatorios, sino que una vez que te alejes para comprender sus objetivos y la longevidad de su compromiso, puedes ayudarles a publicar incluso cosas tontas y aleatorias de forma estratégica y segura. Por ejemplo, un niño que tiene como objetivo ser "famoso" o "visto" puede querer publicar al azar desde su dormitorio. Eso está bien, pero debe hacerlo de forma estratégica, nunca compartiendo en qué edificio está o en qué planta, o el número de su dormitorio. ¿Por qué? Porque esta niña ha definido su camino, sabe y comprende que para llegar hasta allí está permitiendo muchos seguidores, la mayoría desconocidos para ella. Nunca debe compartir información que un extraño pueda utilizar para encontrar su ubicación actual. Debe publicar con la intención y la seguridad siempre en primer plano.

Definir algunas de estas cosas también evitará que se vayan por las ramas o sean víctimas de tendencias o retos peligrosos con la esperanza de "hacerse virales". Puede evitar que hagan acrobacias al azar que, en última instancia, pueden perjudicar a la marca que están construyendo. El objetivo es trabajar con nuestros hijos para construir una base estratégica, con una abundancia de dirección de ti.

Por favor, sepan también que no juzgo ni critico a los niños que buscan fama o popularidad. Sólo quiero que entiendan también las ramificaciones. Ser una celebridad o abrir tu vida para ser visto por todos, significa que estás luchando por la "atención" de las masas. Significa que estás abriendo tu mundo a una gran variedad de personas. Lo que publiques tendrá valor para muchos, pero además de elogios y regalos, también te expones a que te examinen y juzguen constantemente. Tu audiencia absorberá todo lo que digas o hagas, y eso puede suponer mucha presión. ¿Es algo que realmente quieres para tu hijo? ¿Realmente tu hijo quiere eso para sí mismo?

Ejemplo 2: "Quiero relacionarme con amigos".

Puede que algunos niños sean más reservados y sólo quieran utilizar las redes sociales para relacionarse con sus amigos. Eso está muy bien. En este caso, teniendo en cuenta que la mayor parte de su comunidad serán personas conocidas, su "marca" estará formada por su imagen en persona, que se verá complementada, o perjudicada, por su marca online. Su compromiso en línea sigue siendo de vital importancia, pero por razones diferentes a las del ejemplo nº 1. Este niño necesita centrarse en la coherencia. Por ejemplo, ¿son amables en persona pero agresivos en Internet? También debe recordar que incluso el contenido de las cuentas privadas puede ser visto por las masas y, en última instancia, todo lo que publique tiene el potencial de ser visto por todos. Aunque estén en un círculo cerrado rodeados de verdaderos amigos, el contenido que compartan debe coincidir con su marca personal real y resistir el paso del tiempo. Estos son sólo dos ejemplos diferentes de por qué alguien está en línea. Tú y tu familia se tomarán el tiempo necesario para responder a esta pregunta por sí mismos. Cuando el "por qué" está claro, cuando se sabe cuál es el objetivo, todo lo demás también queda claro.

Así que, ahora que sabes por qué, vamos a decidir cuál será la marca: Llegados a este punto, es importante hablar del valor de la autenticidad a la hora de definir la marca de tu hijo. Es fácil esconderse detrás de un personaje en línea donde la gente puede ser alguien distinto de quien realmente es. Puede ser fácil, pero no es sano. La marca de tu hijo debe reflejar quién es realmente: sus valores y convicciones. Incluso si creen que es inofensivo fingir ser alguien o algo que no son, invariablemente la verdad saldrá a la luz. Si no que se lo pregunten a Hilaria Baldwin. Hilaria Baldwin es una madre e influencer casada con el actor Alec Baldwin (tío de Hailey Bieber) que perdió su credibilidad cuando se descubrió que la marca que representaba no era fiel a su persona real. Hillary Thomas, nacida en Boston de padres estadounidenses blancos, se casó con el famoso actor Alec Baldwin en 2012. Algunos dicen que utilizó su famoso nombre para dar a conocer sus intereses en salud y estilo de vida. Al hacerlo, se presentó como "Hilaria", una española cuya lengua materna era el español. En 2020, se descubrió que Hilaria era en realidad nativa de Nueva Inglaterra y el mundo de Internet se volvió loco. Perdió acuerdos comerciales con American Girl y la marca de bebés Cuties Baby Care. Perdió seguidores y su posición en la comunidad de influencers. Y todo porque se tergiversó a sí misma y construyó una marca en torno a esa tergiversación. Lo realmente interesante es que Hilaria, o Hillary, nunca dijo específicamente que fuera una cosa u otra. Simplemente se presentaba a sí misma de una manera determinada. La gente se formó fuertes opiniones y ella se lo permitió. Pero cuando se descubrió la tergiversación, la gente se volcó en todas sus publicaciones. De hecho, el sitio web *INSIDER* publicó lo siguiente. "*INSIDER* repasó el historial de publicaciones de Baldwin en Instagram, sus tuits, los blogs de su familia y siete años de entrevistas públicas para ver cómo habían evolucionado sus declaraciones sobre su pasado desde que se casó y se convirtió en el centro de atención pública".[69] ¿Te imaginas? Revisaron siete años de publicaciones y entrevistas sólo para "pillarla". Así que, en lugar de pasar por todo eso, decide ahora si publicas como tú mismo o como un personaje, y luego acláralo a tu público y sé coherente. Esto es lo que la YouTuber Miranda Sings ha hecho tan bien. Ha creado un personaje, pero sus seguidores lo conocen y les encanta. Si publicas como tú, recuerda que la gente valora la autenticidad por encima de todo, especialmente en un mundo virtual. Si publicas como un personaje (que puede y debe evolucionar con el tiempo), díselo claramente a tus seguidores.

---

69 https://www.insider.com/hilaria-baldwin-spanish-controversy-public-life- timeline-2020-12

REVISIÓN DE LA MARCA

Una marca empresarial resume las características, los pensamientos, las acciones, la intención, el propósito y la agenda de un producto o una persona en el mundo de los negocios. Las mejores marcas son coherentes y desarrollan audiencias o seguidores que quieren identificarse con ellas y confían en que se representarán a sí mismas de forma continua junto con las directrices de su marca. En el caso de un niño que desea ser famoso, debe pensar concienzudamente en cómo define su marca. Deben ser estratégicos y no ser víctimas de las tendencias en línea, los retos de las redes sociales o los caprichos virales que les aparten de la marca o del mensaje. Recuerden que pueden borrar sus publicaciones, pero sus seguidores (a la mayoría de los cuales, una vez más, no conocen) guardarán, compartirán y harán capturas de pantalla de sus publicaciones, y las amarán o las odiarán en un abrir y cerrar de ojos. Un niño que desee ser famoso o convertirse en una persona influyente debe tratar su marca de la misma manera que una marca comercial. Incluso los niños sin objetivos empresariales o de celebridad son marcas. Son marcas personales. Las marcas personales se apoyan en quién eres en persona. Los seguidores tienden a ser un poco más indulgentes con las ligeras variaciones de tu marca. Sin duda, te llamarán la atención y te avisarán cuando no les gusten tus acciones en línea, ¡así que prepárate!

Nota: Una vez que esto esté arraigado y comprendido, un niño sabrá que no importa en qué plataforma esté o si le estás vigilando físicamente o no. Sentirán el deseo de ser fieles a la marca que han desarrollado y reaccionarán adecuadamente dondequiera que estén en línea. Sabemos que es imposible estar al día en todas las plataformas. Por lo tanto, enseñemos a nuestros hijos a manejarse por sí mismos asegurándonos de que cada publicación, comentario, "me gusta" e interacción sea coherente con la marca.

Ejercicio 5:
Perfeccionamiento de la marca

Ahora que hemos explorado la idea de una marca y por qué tu hijo está en línea, tenemos algunas preguntas más en las que pensar para realmente dar forma y refinar la marca de tu hijo.

He aquí algunas consideraciones importantes que debe plantear a tu hijo sobre su marca:

1. ¿Qué quieres comunicar sobre ti a tu comunidad? ¿Qué quieres que digan de ti cuando no estás?

2. (Respeto, honradez, fe, lealtad, integridad, etc.) ¿Coincide tu "por qué" con los valores de tu familia? ¿Y el código moral de conducta de tu escuela? Ejemplo: Hay menores que ganan fama publicando contenidos sexualmente inapropiados en OnlyFans.

3. ¿Qué temas son importantes para ti?

4. ¿Qué problemas son importantes para ti en los que puedes influir y ayudar a resolver?

5. ¿Cómo quieres que se sienta la gente cuando vea tu perfil o lea tus mensajes?

6. ¿Se contradice tu vida online con tu vida real en algún punto?

Ahora, consideremos cómo la forma en que publicas impacta en tu marca:

7. ¿Te gusta todo y sigues a todo el mundo? ¿Qué dice eso de ti?

8. ¿Serás valiente y defenderás a los demás y no te gustará, comentarás ni compartirás nada negativo?

9. ¿Tendrás una cuenta pero no publicarás nada? ¿O publicarás continuamente? ¿Cuál es tu objetivo al publicar?

10. ¿Emocionarás en línea y publicarás cuando te encuentres en un estado emocional elevado? ¿Qué dice esto de ti?

11. ¿Qué impacto tienen tu "por qué" y tu marca en tu futuro? Piensa en universidades, escuelas de posgrado, futuros trabajos y futuras relaciones.

En todos los casos, recuerda que la *exclusividad es una estrategia.* Los productos más caros del mundo son los más exclusivos. Son raros, difíciles de conseguir. Las personas más famosas del mundo eligen sus alianzas con mucho cuidado. Cuando te creas una marca más "selecta", independientemente del motivo por el que estés en Internet (para ser visto/famoso o simplemente para socializar), transmites valor, y las cosas valiosas se protegen cuidadosamente. No dejes que cualquiera tenga acceso a ti y a tu mundo personal. Hablaremos más sobre esto en la Herramienta 4.

Independientemente del motivo por el que estés en Internet, es importante que tengas un código ético por el que te rijas:

1. ¿Qué prometes que harás o no harás en Internet? Padres, hablen de estas cosas con sus hijos y luego desarrollen una regla general y una guía que se aplique independientemente de dónde esté su hijo en línea.

2. ¿Publicarás para optimizar los algoritmos?

3. ¿Compartirás historias sensacionalistas o utilizarás textos como cebo para los clics?

4. ¿Permitirás que se utilice tu plataforma para recopilar datos que no se faciliten con el consentimiento expreso de terceros o que no sean necesarios para la gestión de tu creciente plataforma?

5. ¿Va a monetizar su contenido a través de anuncios dirigidos?

6. ¿Utilizarás tu plataforma para arrojar luz sobre historias positivas e importantes?

7. ¿Usarás tus publicaciones sabiamente, sabiendo que incluso las publicaciones que "desaparecen" rápidamente (Snapchat, Instagram o Facebook Stories) tienen poder para impactar a otros?

8. ¿Serás consciente del impacto de tu publicación en la vida de los demás?

En resumen, tu marca define automáticamente quién eres, qué te importa y de qué te responsabilizas. Es indicativa de la forma en que vives tu vida y del tipo de decisiones que tomas. Ahora que ya has reflexionado sobre la marca de tu hijo, asegúrate de que todas las piezas estén alineadas: sus fotos en Internet, su nombre de usuario, su biografía, su estatus público o privado y su compromiso en general. No esperes a que tu hijo se prepare para ir a la universidad o solicite un trabajo para empezar a pensar en la imagen que ha dado. Empieza hoy y asegúrate de que, desde su primera publicación, se comprometan con quiénes son y por qué están en Internet.

Ejercicio 6:
Busca tu marca

Siempre animo a padres y alumnos a que dediquen tiempo a hacer búsquedas en Internet sobre sí mismos con regularidad.

Sepan lo que hay ahí fuera y lo que otros encontrarán cuando les busquen a ustedes o a sus hijos. Empieza por Google, por supuesto, pero busca también en sitios como bing.com, duckduckgo.com, peekyou.com, zabasearch.com, pipl.com, yoname.com y spokeo.com. Cada uno de ellos indexa la información de forma diferente, por eso es importante buscar en más de un motor de búsqueda. Además, coloca tu/su nombre entre comillas, pero después de eso, amplía tu búsqueda basándote en operadores. Esta búsqueda puede tener este aspecto

"Nombre Apellido" > ¿Qué información puedo encontrar en Internet sobre esta persona?

"Nombre Apellido@" > Buscar posibles direcciones de correo electrónico asociadas a esta persona

"Nombre apellido" filetype:doc > Cualquier documento de Word que contenga el nombre de esta persona

Si encuentras información personal, averigua cómo puedes eliminarla. Algunos sitios ofrecen algún tipo de formulario de "exclusión voluntaria" que permite al usuario solicitar su eliminación. Pero no cuente nunca con esa solución. Recuerda: una vez que algo está en línea, siempre está en línea.

Para los adolescentes de más edad o los estudiantes universitarios que pueden estar lanzando nuevos perfiles en LinkedIn o en varias aplicaciones de búsqueda de empleo, estas plataformas requieren intrínsecamente una imagen más profesional, pero recuerde que, al final del día, todo lo que se publique, en todas las plataformas, será visto. La marca debe ser coherente.

HERRAMIENTA 1 / RESUMEN

- Una de las mayores claves para apoderarse de este mundo online empieza por que tú y tu hijo desarrollen su marca, la definan claramente y la anclen.

- Tu marca es una de las herramientas más poderosas que tienes ahora mismo. Recuerda, tu audiencia está mirando tu presencia online y constantemente sacando conclusiones basadas en tu marca-que eres tú. La gente hará zoom en las fotos para ver qué líquido hay en tu vaso de plástico rojo, o intentará determinar si tus pupilas parecen dilatadas. Anotarán cosas y emitirán juicios basados en lo que creen haber visto, tengan razón o no.

- No podemos hacer felices a todos, no podemos controlar a las personas que sesgan las cosas. Pero podemos pasar de una actitud de publicar "lo que sea y cuando sea" a publicar y compartir con claridad, propósito y comprensión del por qué y el qué, independientemente de dónde te encuentres en línea.

Herramienta 2:
Define tu comunidad

La mayoría de los niños tienen mucha gente en su comunidad online, y no tienen ni idea de quiénes son. Es entonces cuando se vuelven vulnerables.

Ahora que ya has definido la marca de tu hijo o hija y los parámetros de lo que presenta al mundo, tenemos que definir a quién se lo dice.

Esta es la Herramienta 2: Define tu comunidad. La mayoría de los niños tienen mucha gente en su comunidad online, y no tienen ni idea de quiénes son o por qué están conectados, y ahí es cuando se vuelven vulnerables. Así que corramos la cortina y echemos un vistazo a quién está en la comunidad online de tu hijo.

UN "AMIGO" NO SIEMPRE ES UN AMIGO

Lindsay[70] tiene una familia increíble. Su padre es ejecutivo y su madre ama de casa. Participan en su iglesia local, viven en una casa grande y bonita en las afueras y los niños van

---

70   Nombres modificados a efectos de este reportaje

a buenos colegios. Aunque todas estas cosas tienen peso y crean una sensación de seguridad poco justificada en el "mundo real", no cuentan mucho en el mundo online. Es una chica increíble: guapa, simpática, amable y de buen corazón. Como la mayoría de las chicas de su edad, es muy activa en las redes sociales. Snapchat era la plataforma en la que se fijaría en ella y se convertiría en su objetivo. "Él" era mayor, un traficante de personas conocido por las fuerzas de seguridad, pero completamente desconocido para las chicas inocentes en Internet. Fuera de Internet, algunos lo llamarían proxeneta, pero para ella no era más que otra conexión, un seguidor y un amigo en línea. La verdad es que se había fijado en ella meses antes, la había elegido como objetivo y se había tomado su tiempo para llegar hasta ella.

Los obedientes padres de Lindsay tenían la costumbre de vigilar activamente a sus dos hijos, más por una cuestión de principios que por otra cosa. No eran conscientes de ningún peligro real. Comprobaban sus teléfonos, tenían sus contraseñas, disponían de GPS en sus coches y les ponían FaceTimed a menudo cuando salían. Pero nada de eso era rival para el depredador en línea al que esta adolescente había abierto una puerta sin saberlo.

La noche del 30 de abril, la joven dijo a sus padres que iba al gimnasio. Allí se enteró de que había una fiesta a través de las redes sociales. Decidió que una amiga la recogería en el gimnasio y la llevaría a la fiesta. Dejaría el coche y el teléfono de sus padres. Cuando se acercaba el toque de queda, estaba deseando volver al gimnasio para llegar a casa a tiempo, pero ninguno de sus amigos estaba dispuesto a llevarla. Como la mayoría de los adolescentes, recurrió a Internet. Le pidió prestado el teléfono a una amiga, se conectó a su cuenta de Snapchat y le preguntó: "¿Hay alguien en la zona que pueda llevarme hasta mi coche?". Respondió: "Claro, voy para allá". Finalmente, conseguía su presa. La recogió en la fiesta, pero no la llevó de vuelta al gimnasio. Cuando la noche se convirtió en mañana, los padres de Lindsay empezaron a buscarla desesperadamente. Los malos tratos que sufrió en los días siguientes son demasiado difíciles de describir. Gracias al trabajo de su familia y de las fuerzas de seguridad, Lindsay fue encontrada semanas después. Había sido drogada, marcada y violada más veces de las que uno podría imaginar, nunca volvería a ser la misma.

Su historia, tan dolorosa pero tristemente tan común, nos recuerda para siempre que el mundo online alberga a personas cuyas vidas y motivos son tan insondablemente diferentes de los nuestros y que han conectado con nuestros hijos por razones demasiado graves para comprenderlas.

Hay una verdad universal que dice que uno es la compañía que frecuenta. Lo entendemos en los círculos sociales cara a cara, en la escuela, el trabajo o en público. Pero a menudo no establecemos las mismas conexiones en el mundo online. Los niños, por su parte, sólo ven a su comunidad online como "activos" en este juego virtual de cosechar seguidores, conexiones y "me gusta". Estas realidades abren la puerta a los problemas, y por eso la Herramienta 2 es tan importante. En el mundo offline, los niños calibran las comunidades todo el tiempo, ya sea en la escuela, el campamento o el trabajo. Comprenden instintivamente que la compañía que mantienen suscita conversaciones que les gustan o no y que las personas con las que se relacionan afectan a su imagen o reputación (su marca). Los niños saben cómo alejarse de aquellos con los que no quieren relacionarse y cómo abrazar a quienes se alinean con ellos socialmente. Es algo instintivamente claro en un entorno físico, pero los niños no logran relacionar estas mismas verdades en el mundo digital. ¿Por qué? Bueno, en su mayor parte, tienden a operar en la oscuridad. Están desprovistos de todas las señales personales que activan sus instintos. No se benefician de la participación plena de todos sus sentidos y, sin embargo, conectan de forma más personal y coherente con su comunidad en línea que con los miembros de su comunidad física.

Los niños tampoco entienden que son a la vez parte de un mundo digital y líderes de un mundo digital. Ese mundo, aunque nunca lo vean del todo, les define, les influye, les marca, les da forma y se dirige a ellos, tanto de forma positiva como negativa. Forman parte de las comunidades de otros cuando visitan una página o pasan tiempo en diversos espacios en línea. Forman parte de las comunidades de otros cuando deciden seguir, dar a me gusta o comentar las publicaciones de otros. Pero son líderes de su propia comunidad en línea cuando inician una publicación o una actividad digital.

Cuando hablamos de comunidad, debemos tener siempre presente que el mundo online está lleno de gente con buenas y malas intenciones. Mientras navegamos por esta herramienta de definir la comunidad online de tu hijo, no podemos olvidar la marca y el propósito de tu hijo. El tamaño de su comunidad empieza a tomar forma casi instantáneamente en cuanto el niño comprende estas dos cosas. Así que profundicemos en la Herramienta 2. Debemos saber quién forma parte de la comunidad en línea de nuestros hijos, a qué estarán expuestos y cómo les afecta. También debemos tener en cuenta la magnitud de las plataformas en las que están nuestros hijos. Con cientos de millones de usuarios en cualquier plataforma, cuando tu hijo se conecta está conectado con todo tipo de personas. Nadie controla las cuentas ni filtra quién está en una plataforma concreta, ni supervisa sus acciones o motivos. Nadie comprueba la edad, verifica los antecedentes, prohíbe el acceso a personas peligrosas o impide que tengan varias cuentas. Por lo tanto, necesitamos que nuestros hijos comprendan los diferentes tipos de personas que pueden estar en su comunidad y cómo responder cuando surgen señales de alarma. Esto es fundamental. Empecemos por lo básico.

EL "POR QUÉ" DETERMINA EL "QUIÉN".

La razón por la que tu hijo está en línea, combinada con la forma en que define su marca y se presenta a sí mismo, especialmente en las plataformas de medios sociales, atrae a las personas que quieren unirse a su comunidad. Si el objetivo de tu hijo es ser famoso, tener muchos seguidores o parecer popular, su comunidad se llenará de gente que conoce personalmente, conocidos a los que no conoce bien y extraños a los que no conoce de nada. Y lo siento, un "amigo de un amigo" sigue definiéndose como un desconocido, por muchos amigos que tengan en común.

Ten en cuenta que es muy común que los niños tengan varias cuentas que los padres pueden o no conocer. También crean cuentas para sus mascotas, sus alter egos, para "acosar" a la gente, etc. Aunque la conversación sobre la marca sigue siendo importante para esas cuentas, la conversación con la comunidad es absolutamente fundamental para todas ellas. Puede que tu hijo haya decidido ser un poco más exclusivo y no deje entrar a tanta gente en su comunidad. Aunque la mayoría de los niños se sienten invencibles o inmortales, es posible que tu hijo cuestione esta idea y no quiera que le sigan "bichos raros". Esto significará crear una comunidad limitada. No les interesan las presiones de la celebridad o la fama online, y les resultará más fácil navegar por la comunidad online. Fíjese en que he dicho "más fácil", pero no exento de riesgos. Independientemente de la intención, la marca o el propósito de tu hijo al estar en Internet, todos los niños deben estar muy atentos a los peligros que entrañan las comunidades online.

¿QUÉ ES UNA COMUNIDAD?

Una comunidad está formada por personas que conoces, con las que tienes cosas en común, lugares comunes, reglas y normas similares o actitudes o intereses comunes. Por ejemplo, una comunidad eclesiástica, deportiva, una organización cívica, una sociedad, una hermandad o una cofradía. En el mundo offline, estás vinculado a una comunidad a través de la reciprocidad. Hay un beneficio mutuo para los miembros de la comunidad. La comunidad en línea es diferente. Aunque sigue considerándose una comunidad, une a personas muy diferentes sin otra razón aparente que tener una conexión en línea. Esta conexión en línea abre la puerta al contacto y al compromiso, aunque falte todo lo demás que normalmente uniría a dos personas. En resumen, nuestros hijos se relacionan con personas en línea con las que nunca elegirían relacionarse, comprometerse o hablar en persona.

CATEGORÍAS DE CONEXIONES

Las personas de las comunidades online pertenecen a una de estas tres categorías: Conocidos, conocidos o desconocidos.

1. **Persona conocida:** Una persona conocida es alguien a quien conoces en la vida real y con quien has pasado tiempo real. Esta es la cuestión, padres: una persona conocida también puede ser alguien con quien tu hijo ha pasado

tiempo online, cara a cara o virtualmente. Han chateado por FaceTime o por vídeo. Podrían estar en la misma clase o haberse conocido a través de otro amigo. Sé que esto es incómodo, pero es una nueva realidad de la forma en que la gente se está conociendo. Pero yo sólo pondría una conexión en línea en esta categoría si han tenido tiempo virtual cara a cara o conversaciones en persona.

2. **Conocido:** Un conocido es diferente. Es alguien con quien estás familiarizado pero a quien no conoces personalmente. Puede ser la persona que ves a menudo en el campo de béisbol, en la iglesia o en el supermercado.

3. **Desconocido:** En el mundo online, un desconocido es alguien a quien no has conocido en persona o con quien sólo has tenido un contacto superficial. Ahí está la clave. Es fundamental que nuestros hijos sepan que, aunque tengan cien amigos en común, esa persona sigue siendo un desconocido si nunca se han relacionado con ella cara a cara directamente. Esas personas se consideran "desconocidas".

Entre conocidos, conocidos y desconocidos, en tu comunidad online habrá personas que:

• Te siguen

• Tú sigues

• Colaboran contigo

• Aparecen en tus páginas y tus publicaciones en las suyas

- Juegas con ellos

- Chateas con ellos

- Te relacionas con ellos de otras formas (comentarios, mensajes de texto, compartir).

Por tanto, tu comunidad es tu grupo, tu equipo. Es un reflejo de quién eres y de tus valores. La forma en que interactúas con tu comunidad está directamente relacionada con tu marca. Si estás centrado en ser una marca comercial (es decir, una mercancía), tu objetivo es hacer que tu comunidad sea grande. Sin embargo, recuerda que con el tiempo serás alabado o "empañado" en función de esta misma comunidad. Es importante gestionar quién te sigue, comenta tus publicaciones y se relaciona contigo. Si tu marca es simplemente sobre ti y tu vida, entonces este sentido de comunidad es aún más crítico y es mejor ser más exclusivo. Para los chicos que sólo quieren conectar con sus amigos y no están interesados en conseguir muchos seguidores, las directrices de la comunidad son sencillas: No aceptes a gente que no conozcas físicamente. Aunque creas que sólo conectas con amigos, tu comunidad online puede ser muy peligrosa. Antes de aceptar una solicitud de amistad, cada niño debe preguntarse: "¿De qué conozco a esta persona? ¿He estado en su casa? ¿Conozco a sus padres? ¿Desde cuándo los conozco? ¿Mis padres lo aprobarían?".

PIENSA EN ELLO

La magnitud de la red mundial es incomprensible. Ya lo he dicho antes y merece la pena repetirlo: una vez que tu hijo está en línea, está conectado con el mundo entero, y el mundo entero está conectado con él. Esto es a la vez maravilloso y aterrador. A la hora de crear una comunidad a partir de todo el mundo, las opciones son enormes.

Estos tres tipos de personas -conocidos, conocidos y desconocidos- proceden de lo siguiente:

- Familia

- Los amigos

- Conocidos offline: niños y adultos que has visto en la vida real y con los que estás familiarizado pero no conoces bien.

- Conocidos en línea que son desconocidos-personas que nunca has visto o conocido pero que crees que conoces, ya que compartes contactos.

- Profesores

- Entrenadores

- Futuras, actuales o pasadas personas de la escuela/universidad. Personal, amigos, profesores, admisiones

- Personas de la red de tus padres

- Personas de tu trayectoria profesional

- Futuras oportunidades laborales o empresariales
- Extraños que son maravillosos
- Personas desconocidas que son reservadas pero te vigilan
- Extraños que son muy malos (traficantes y groomers)
- Depredadores que buscan imágenes
- Depredadores que buscan explotar imágenes
- Depredadores que buscan el contacto real
- Delincuentes de todas las categorías posibles
- Traficantes de drogas
- Acosadores y trolls
- Los que sufren adicción a los juegos, la pornografía, las drogas, el alcohol.
- Maltratadores de parejas, familiares, amigos y desconocidos.
- Los que sufren mucho y quieren atacar y hacer daño a otros.
- Suicidas.
- Hackers
- Estafadores
- Bots
- Cuentas falsas

- Los que buscan apropiarse de tu identidad.

- Y más

¿Qué herramientas utilizas en la vida real para mantener a tus hijos a salvo de las personas con las que no quieres que se relacionen? ¿Puedes crear herramientas similares para el mundo online? El objetivo aquí es concienciar a tu hijo sobre con quién comunicarse, a quién bloquear o cómo mantener a raya a ciertos seguidores de forma segura. ¿Cuáles serán tus parámetros para decidir quién entrará en el círculo íntimo de tu hijo? ¿Hablará tu hijo de buen grado con las personas que le envíen mensajes? ¿Ha creado la familia normas sobre la mensajería dentro de la aplicación al principio del libro? Espero que sí. Pero la cuestión principal es la siguiente: ¿Cómo puedes mantenerte a salvo de la comunidad formada por personas que realmente te son desconocidas? Tu comunidad no es un tercero, separado de ti. Tu comunidad te incluye, se relaciona contigo, y esa relación tiene consecuencias, de las que hablaremos en nuestra próxima herramienta. Pero al incorporar a alguien, a cualquiera, a tu comunidad, esa persona adquiere un nivel de poder potencial que no tenía cuando estaba fuera de tu comunidad.

En general, una vez que añades a una persona a tu comunidad, ésta puede

- Hablar contigo

- Llamarte

- Encontrarte a través de tu ubicación exacta (recuerda que la mayoría de las aplicaciones tienen seguimiento GPS. ¿Ha establecido la familia normas para activar o desactivar el seguimiento por GPS?)

- Hacerte daño físico

- Hacerte daño mentalmente

- Ofrecerte cosas que no deberían ofrecerte (drogas, pastillas, material inapropiado).

- Coger lo que publicas y hacer lo que quieran con ello: compartirlo, comentarlo, hacerlo suyo.

Además, la mayoría de las plataformas de redes sociales no ofrecen ninguna protección de tu marca o imagen. Muchas permiten lo que se llama "cuentas parodia" o cuentas que te imitan, utilizan algunas de tus fotos o hablan de ti. Sí, las cuentas falsas pueden ser denunciadas y eliminadas por la plataforma, pero las cuentas parodia están permitidas por algunas plataformas de redes sociales. No me canso de repetirlo: lo que se publica en Internet se queda en Internet, aunque no sea intencionado. Tu comunidad puede hacer lo que quiera con lo que compartes en Internet. Es público y punto.

Ejercicio 7:
Tres banderas rojas en las comunidades

Como puedes ver, si tu hijo tiene una comunidad online, protegerle es difícil, independientemente de quién esté en su comunidad. Así que empecemos por crear normas que puedan entender y seguir. Empecemos con las tres principales señales de alarma que todo el mundo en Internet debe entender. Recuerda, si te resulta difícil repasar el siguiente material con tu hijo, es que no es lo suficientemente maduro para manejar las realidades del mundo online, y no debería estar online en ninguna plataforma.

- **Community Red Flag #1:** Una persona desconocida o un conocido quiere quedar con ellos en persona o les pide información personal, dónde están o dónde viven. Debemos enseñar a nuestros hijos a distinguir entre preguntas directas e indirectas. Una pregunta directa es así: "¿Dónde vives?" Una pregunta indirecta es así: "Oye, creo que vives cerca del centro comercial, pero envíame tu dirección. Quiero enviarte por correo algo que creo que te encantará". Además, tu hijo nunca debe compartir su colegio ni su ubicación. Una pregunta directa podría ser: "¿A qué colegio dices que vas?". O una pregunta indirecta podría ser: "¿Cómo se llama el equipo de fútbol de tu colegio? Nunca compartas tu lugar de trabajo y ten cuidado con preguntas como: "¿A qué horas dijiste que trabajabas en el centro comercial?" o "Uf, no me puedo creer que tengas que trabajar este fin de semana, en el centro comercial, ¿verdad?". Por lo tanto, si un niño ha publicado o compartido esta información que permite a una persona desconocida saltarse el proceso de preguntar, tu hijo debe compartir inmediatamente contigo o con un adulto de confianza si una conexión en línea desconocida aparece en cualquier lugar privado o personal.

- **Community Red Flag #2:** Tu hijo está recibiendo solicitudes de cualquier persona para fotos, vídeos, mensajes de texto o contenidos inapropiados de cualquier tipo. Esto ocurre más a menudo de lo que a nadie le gustaría reconocer, pero debemos reconocerlo. Tus hijos necesitan sentirse lo suficientemente seguros como para acudir a ti aunque hayan tomado una mala decisión y hayan enviado algo de todos modos. Recuerda, los niños harán cosas fuera de lugar bajo la presión del momento.

- **Community Red Flag #3:** Alguien de su comunidad empieza a hablar o a compartir con ellos contenidos inapropiados, incluidos contenidos sexuales, relacionados con las drogas, actividades ilegales o retos peligrosos. Haz que hablar de estos temas sea lo más seguro y acogedor posible.

Además de compartir las principales señales de alarma con tu hijo, éste debe comprometerse a ponerse en contacto contigo o con un adulto de confianza designado cada vez que se encuentre con este tipo de actividad por parte de personas de su comunidad.

LA REALIDAD EN TORNO A LOS DEPREDADORES

Padres, ¿sabían que...? Según el FBI, se calcula que cada día hay unos 500.000 depredadores en línea que se dedican activamente a la captación y preparación de menores. Más del 50% de los casos de explotación sexual en línea se dan entre adolescentes de 12 a 15 años, ya que es fácil captarlos y es más probable que se conecten en línea con personas desconocidas para ellos. ¿Dónde van los depredadores? A todas partes, pero la mayoría se centra en salas de chat y mensajería privada. Suelen pedir a los niños una foto sexualmente explícita o, en casos extremos, les invitan a quedar en persona o a hablar por teléfono. A pesar de los peligros, al utilizar las redes sociales, el 40% de los niños afirman que eliminarían la configuración de privacidad para atraer a más amigos o seguidores. Los menores de 12 años son conscientes de que estas cosas ocurren, pero necesitan que se les hable más. Sólo el 20% de los niños de 8 a 11 años son conscientes de estos problemas de seguridad y les preocupa que extraños puedan averiguar información sobre ellos. Dicho esto, casi el 60% de los padres están preocupados por los desconocidos en Internet.[71] Padres, puede que estén pensando: "Veo las cifras, pero ¿esto ocurre de verdad? ¿En la vida real?". La respuesta es sí, y es importante que lo sepas y que hablen de ello con sus hijos utilizando historias reales. Por desgracia, tengo innumerables historias de este tipo, pero aquí van tres:

---

71 https://childsafety.losangelescriminallawyer.pro/children-and-grooming-online- predators.html

- **Estado de Washington**: Un hombre de 34 años admitió que planeaba violar a una niña de 13 años a la que conoció por Internet. La policía de Richland detuvo al sospechoso.

- **California**: Una mujer de 36 años falsificó su edad, identidad y fotografía para entablar una relación en línea con un niño de 13 años con el que chateó en una sala de chat en directo de Xbox. La mujer pidió reunirse con el niño, y supuestamente voló de California a Maryland para violarlo.

- **California**: Un hombre de 24 años está acusado de secuestrar, violar y matar a una niña de 13 años a la que conoció en las redes sociales. Ambos empezaron a enviarse mensajes de texto y a intercambiar fotos. Finalmente se conocieron en persona. El sospechoso presuntamente secuestró a la joven víctima, la agredió sexualmente y luego prendió fuego a su cuerpo.

También sabemos que los depredadores se infiltran en la red en línea de un niño, enviando solicitudes de amistad a sus amigos, en un esfuerzo por parecer más familiar al niño y conseguir que acepte directamente la solicitud de amistad del depredador. Los depredadores también aprovecharán un logro importante en la vida de tu hijo para acceder a él, con la intención de obtener contenidos inapropiados de tu hijo.

Mira esta historia: Un equipo local de béisbol de ligas menores llega a las Series Mundiales de ligas menores. Las noticias locales cubrieron su viaje. Los padres dieron permiso a los medios para que mostraran las caras de los niños mientras practicaban y eso fue todo lo que necesitaron los depredadores de menores para abalanzarse sobre ellos. Las noticias daban la ubicación del equipo, así que los depredadores empezaron a seguirlos. Pronto empezaron a hacerse amigos o a seguir a los jugadores en las redes sociales, haciéndose pasar por ojeadores universitarios de béisbol. En su entusiasmo, los chicos bajaron la guardia y empezaron a relacionarse con ellos. Solo cuando uno de los "ojeadores universitarios" pidió una foto del niño en la que se vieran sus "músculos", el niño sospechó y se lo contó a sus padres. Los padres descubrieron lo que estaba ocurriendo, bloquearon a los depredadores y los denunciaron a la policía local.

Ejercicio 8:
Revisión comunitaria

Sigamos hablando de esto. Hemos aprendido sobre las comunidades online en general, pero ¿cómo es la comunidad online de tu hijo? Vamos a hacer una inmersión profunda.

1. En primer lugar, ¿en qué plataformas está realmente tu hijo? ¿Lo sabes? ¿Comparte contigo su verdadera lista? ¿Incluyen cuentas falsas o cuentas que han creado para otras cosas como sus mascotas, obras de arte, proyectos creativos, etc.?

2. ¿Cuántas personas les siguen en sus distintas cuentas?

3. De las personas que les siguen, ¿a cuántas dicen que conocen (las han visto y se han relacionado con ellas en la vida real o virtualmente)? ¿Cuántos son desconocidos para ellos? ¿Pueden convertir esto en un porcentaje para que sean conscientes? De 1.000 seguidores, ¿a cuántos conoce tu hijo en la vida real o incluso virtualmente?

4. De los desconocidos, ¿cuáles son sus características demográficas? ¿Hombres frente a mujeres, edad, ubicación? Las aplicaciones pueden desglosarte estos datos, sobre todo si tienes cuentas públicas. Esta información te será útil a la hora de crear normas en torno a la comunidad online de tu hijo.

Ahora que has hecho un inventario básico, ¿cuál debería ser tu estrategia de cara al futuro? Tu comunidad te define, pero la forma de construirla y gestionarla depende de tu marca. Si tu hijo está en línea para ser famoso, o hacerse notar, o ser visto, y está tratando de desarrollar una gran comunidad, la pregunta es: ¿Cómo lo hacen protegiéndose física y mentalmente? (Pista: tendrás que intensificar tu plan de protección; hablaremos de ello dentro de un rato). Recuerda que, en última instancia, serán definidos por los miembros de su comunidad y que sus publicaciones se mirarán con lupa. Todo lo que publiquen, lo que les guste, lo que sigan, todo lo que compartan... todo lo que hagan en Internet estará ahí para ser consumido, opinado, alabado o ridiculizado, desde la primera publicación. Fíjate en Charli D'Amelio. La adolescente tiene ahora 121,9 millones de seguidores en TikTok y hasta la fecha ha compartido 1.833 vídeos. (En un reportaje sobre estilo de vida de Yahoo, D'Amelio dijo que las críticas a "cada uno de sus movimientos" son difíciles: "Es duro".[72] De hecho, tanto Charli como su hermana Dixie hablan de lo que esto les ha pasado en su documental The D'Amelio Show (Hulu). Además, con la fama llegan titulares como este: "Muchas de las mayores estrellas de TikTok no son vistas con buenos ojos por el público, según una encuesta realizada por Insider y SurveyMonkey".[73]

Debes saberlo, estar preparado para ello y tener una estrategia. Asegúrate de que tu hijo sepa que, si extiende su red o permite que un número ilimitado de personas entren en su comunidad, debe ser más inteligente y más agudo con sus publicaciones, sobre todo en lo que respecta a la seguridad, algo en lo que profundizaremos en la Herramienta 4.

Si sólo están en línea para conectar con amigos y socializar, también deben proteger a su comunidad. Se aplican las mismas reglas, pero deben conocer personalmente a la mayoría de sus seguidores. Dicho esto, algunos niños se sitúan en un punto intermedio. No quieren ser famosos, pero sí ser vistos, consumidos, estar de moda y tener muchos seguidores. También necesitan seguir de cerca las orientaciones a las que llegaremos en la Herramienta 4.

---

72   https://www.yahoo.com/lifestyle/charli-damelio-famous-friendships-223328275. html
73   https://www.insider.com/tiktok-stars-liked-influencer-loren-gray-bella-poarch- charli-damelio-2021-9

Padres, sé que este es un tema difícil, sobre todo porque el mundo online está reconfigurando a nuestros hijos para que abran las puertas de su mundo y acepten a todo el mundo.

Más allá de tener conversaciones sinceras sobre por qué tu hijo está en línea y lo que espera lograr en línea, hay una regla que se aplica a todos y es simple: No te juntes con la gente equivocada en Internet.

Si tu hijo tiene cuentas públicas y acepta todas las solicitudes de amigos y seguidores, debes establecer normas firmes sobre con quién se relaciona y enseñarle por qué, cuándo y cómo bloquear a las personas. A quienes tengan cuentas privadas y no estén "cosechando seguidores" se les debe animar a que examinen su lista de amigos y seguidores con regularidad, y a que se tomen el tiempo necesario para eliminar conexiones superficiales o a quienes no conozcan del todo y en quienes no confíen, y a quienes simplemente no vayan a volver a hablar nunca. Fíjate en los amigos que se convierten en enemigos. Recuerda las tres banderas rojas y vive según ellas. Y, pase lo que pase, ten siempre en cuenta lo personales que son tus mensajes.

HERRAMIENTA 2 / RESUMEN

- Los niños a menudo no se dan cuenta de que forman parte de una gran comunidad.

- Cualquier persona con la que te conectas o te relacionas forma tu comunidad online.

- Una vez conectados, se asocian unos con otros.

- La razón por la que estás en línea determina lo comunidad en línea, lo que crea problemas de seguridad.

- Todas las personas de tu comunidad online, tanto las conocidas como las desconocidas, tendrán acceso a ti.

- Tu comunidad online está llena de gente con intenciones muy diversas: algunas buenas, otras realmente malvadas.

- Tu comunidad online te expondrá a toda una serie de cosas: desde cosas maravillosas a cosas muy peligrosas, pasando por cosas que ponen en peligro tu vida.

Herramienta 3:
Desarrolla una estrategia de salida

Los niños necesitan una estrategia de salida de las amenazas con las que se van a encontrar. La clave es "Conocerla, reconocerla y bloquearla".

Como sabemos, hay todo tipo de peligros en el mundo online y, en este capítulo, vamos a examinar más detenidamente los tipos específicos de peligros y la realidad universal a la que nuestros hijos pueden enfrentarse a diario. La Herramienta 3 consiste en mantener conversaciones con nuestros hijos para darles una "salida" -o una estrategia de salida- de situaciones potencialmente dañinas. La clave es "conocerla, reconocerla y bloquearla". Estar prevenido es estar prevenido. El viejo adagio "Los palos y las piedras pueden romperme los huesos, pero las palabras nunca podrán herirme" podría ahora cambiarse literalmente por "Los palos y las piedras pueden romperme los huesos, pero las palabras pueden acabar con mi vida". Además de los depredadores descaradamente peligrosos, las palabras y la facilidad con la que se intercambian en línea pueden tener un impacto mayor que la vida en la mayoría de los jóvenes, y muchos padres no tienen ni idea de la magnitud de la lucha de sus hijos en este ámbito. En las redes sociales, la gente dice cosas que nunca diría en la vida real. Observar las consecuencias del mundo online e identificar cuándo tu hijo necesitará una estrategia de salida es fundamental, y puede salvarle literalmente la vida. Como hay tantos daños potenciales, he dividido esta información en dos categorías: amenazas externas y amenazas internas. En primer lugar, trataremos las amenazas externas, es decir, las cosas que bombardean a nuestros hijos desde el mundo exterior. A continuación, analizaremos el impacto de las amenazas internas, que son los pensamientos, hábitos, adicciones, elecciones potencialmente perjudiciales y otros problemas que los niños desarrollarán internamente a partir de su participación en el entorno online.

ADVERTENCIA PARA LOS PADRES: Ahora, padres, si han estado leyendo este libro junto con sus hijos, permítanme añadir una advertencia. Este será nuestro capítulo más duro y explícito, así que puede que quiera leerlo solo y luego determinar cómo involucrar a tu hijo. Todo esto debe discutirse con todos los niños que están en línea, pero la mejor manera de hacerlo dependerá de su edad y madurez, como hemos indicado antes.

Permítanme empezar con una historia personal…

Tengo presencia en Internet. Estoy en Twitter, Facebook, TikTok, Snapchat e Instagram. Solo uso tres de ellas con regularidad, pero tengo cuentas en las cinco. Represento a una marca, Crime Stoppers of Houston. Soy su imagen, así que todas mis cuentas son públicas. Creo contenido digital personalmente y a través de entrevistas a terceros, y comparto esos vídeos en línea. Estoy tratando a propósito de lanzar una red tan grande como sea posible para compartir nuestro mensaje sobre la seguridad con tantas personas como sea posible. Debido a COVID y al mundo virtual en el que todos vivimos, también tengo una cuenta de Skype que sólo utilizo para entrevistas de televisión. Por ello, sólo he compartido mi identificación de Skype con productores de televisión.

Dicho esto, hace unos meses estaba en una reunión de Zoom con uno de mis colegas cuando recibí una llamada de Skype que me pilló por sorpresa. De nuevo, solo utilizo esta cuenta para entrevistas de televisión, que están todas programadas. Cuando apareció la notificación de llamada, me di cuenta de que también había perdido una llamada de ese mismo usuario de Skype minutos antes. *¿Me había olvidado de anotar una entrevista en mi calendario? ¿Quién más podría llamarme desde esta cuenta?* Pensamientos como éste y otros ("*¡Caray!*") me rondaban por la cabeza. Me excusé de mi reunión de Zoom y acepté la llamada de Skype. La pantalla estaba oscura al principio y hubo un momento incómodo de "saludos". Podía oír algo, pero no podía distinguir quién era. Finalmente, la cámara de la persona que llamaba pasó de negro a vídeo completo y el contenido que tenía ante mí era impactante. No me llamaba un productor de televisión. Era alguien completamente desconocido para mí, y lo que vi me dejó atónito. Ante mí yacía un hombre desnudo con la cámara centrada en sus partes íntimas mientras se daba placer a sí mismo. Me quedé estupefacta y empecé a "terminar" la llamada frenéticamente.

La experiencia duró treinta y dos segundos de principio a fin, pero me quedé allí sentada sintiéndome asqueada, ofendida y, la verdad, violada. Y entonces llegó un mensaje de Skype pidiéndome -a mí, madre de tres hijas- una foto "inapropiada". Me enfadé. *Demasiado.*

Soy adulta y, aunque ofendida y disgustada, pude procesar lo ocurrido y seguir adelante. Pero, ¿y tu hijo?

Captura de pantalla real de mi teléfono

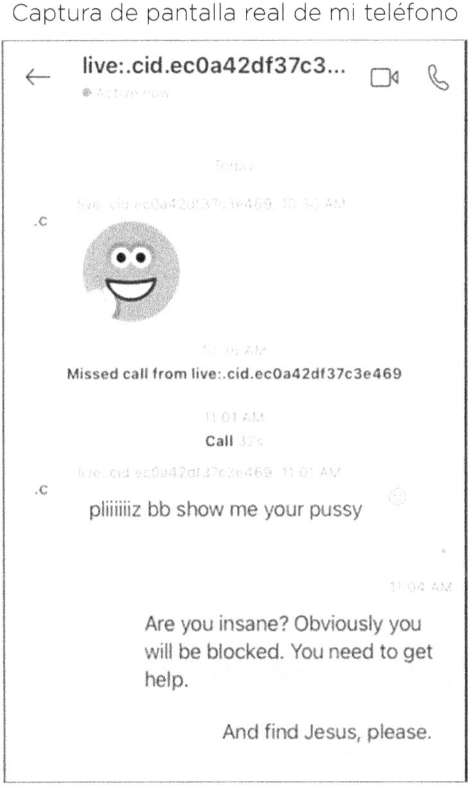

¿Cómo habrían reaccionado? En los momentos siguientes a este encuentro, sólo podía pensar en los muchos preadolescentes y adolescentes de todo el mundo que también podrían haber respondido inocentemente a una videollamada, algo tan universalmente normal para ellos, sólo para encontrarse con un contenido tan inapropiado y explícito. Eso me enfureció aún más.

En cualquier momento, en este mundo de "clic, clic, clic", cualquiera de esos clics puede ser inmediatamente perjudicial y peligroso para una mente joven y vulnerable. Me pregunté: ¿Cuántos niños se habrán parado a mirar? ¿Incluso por curiosidad? ¿Cuántos no sabrían qué hacer? ¿Cuántos se quedarían paralizados por el pánico? ¿Cuántos se habrían sentido intrigados e incluso habrían hecho fotos cuando se lo pidieron? ¿Cuántos? ¿Qué habría hecho tu hijo? ¿Lo sabes tú? ¿Lo saben ellos? El mundo online está lleno de gente que no está bien y tiene intenciones oscuras. Todos nuestros hijos estarán expuestos a estas personas y a su contenido de forma regular, especialmente los niños que están en línea con el objetivo de ganar seguidores/suscriptores y que buscan lanzar una amplia red para ganar seguidores. Mi objetivo es guiarte a ti y a tus hijos a través de estas complicadas aguas, saliendo del otro lado con herramientas y estrategias para combatir estos peligrosos bombardeos externos del mundo online. Así que, además de identificar los mayores problemas con los que se pueden encontrar nuestros hijos, queremos hablar del impacto y de una estrategia para protegerles antes y después del bombardeo. Entremos de lleno.

ÁRMALOS DE CONOCIMIENTOS

Lo he dicho desde el principio: Debemos hablar con nuestros hijos de aquello a lo que van a estar expuestos, aunque sea difícil hablar de ello, y dotarles de una estrategia de salida de los compromisos perjudiciales. No queremos que nuestros hijos entren en pánico o indaguen con curiosidad, o consuman contenidos nocivos, o acepten invitaciones a hacer cosas sin entender lo que está bien o mal, o simplemente peligrosas. Queremos que piensen en situaciones reales, que entiendan los problemas y los definan de antemano para que, cuando se enfrenten a ellos, sepan qué hacer y no caigan víctimas de la presión del momento. Saltarse este paso e ignorar los problemas es dejarles solos en aguas peligrosas. La propensión a encontrarse en situaciones perjudiciales es la razón por la que los expertos quieren que los niños se mantengan alejados de las redes sociales y del mundo digital. Ojalá fuera así, pero nunca será realista para toda una generación de niños que ya se están criando en la era digital. Así que, en esta herramienta, desafiaremos a nuestros hijos a examinar su papel en cualquier encuentro en línea -participante, facilitador, espectador o perturbador- y a crear un plan de respuesta adecuado: Salir o borrar; informar a la escuela, los padres, la policía y las plataformas; o bloquear. Profundicemos...

¿CUÁL ES TU PAPEL EN EL ENCUENTRO?

Hay cuatro papeles básicos en cualquier encuentro:

1. **Participante:** Se refiere a alguien que participa activamente en la actividad en línea. Participas dándole a me gusta (afirmando), publicando, compartiendo, ampliando el contenido a tu propia comunidad o añadiendo comentarios de afirmación. Esta es una posición seria si el encuentro o la acción son cuestionables. Un participante puede meterse en graves problemas con su escuela (recuerda, la mayoría de las escuelas tienen un "código de conducta estudiantil" que puede ser violado por la participación en línea de un estudiante). Pueden meterse en problemas legales por publicar contenidos amenazadores o discursos que inciten al odio. En muchos lugares, cualquier persona de 10 años o más puede ser acusada de conducta delictiva, que abarca declaraciones, amenazas o acciones en línea. Más allá de eso, un participante lleva el impacto de su compromiso para toda la vida, especialmente en el clima actual en el que vivimos. Si decides participar en publicaciones o actividades cuestionables, debes saber que tus acciones acarrean tremendas consecuencias.

2. **Facilitador:** Esta persona ve lo que está ocurriendo y permite activamente que continúe. No bloquea, no denuncia ni anima a que se detenga la actividad. En lugar de eso, la fomenta dándole a "me gusta" en

la publicación de otra persona. Un facilitador puede enfrentarse a ciertas ramificaciones por un "me gusta", dependiendo del contenido. "me gusta" dependiendo del contenido.

3. **Espectador**: Esta persona ve lo que está pasando pero permanece callada o neutral. Ni participa, ni permite, ni detiene la actividad. Con su silencio, permite que la actividad negativa continúe. No bloquean, denuncian ni animan a que cese la actividad. Es posible que los espectadores nunca se enfrenten a un castigo escolar, responsabilidad penal o civil, o la pérdida de una oportunidad debido a una acción negativa en línea. Sin embargo, pueden sentirse culpables o avergonzados por no haber hecho lo correcto.

4. **Perturbador**: Esta persona actúa para romper el ciclo del mal comportamiento. No comparte, no le gusta y no participa positivamente. En su lugar, bloquean, denuncian y frustran los comportamientos negativos o peligrosos.

HABLEMOS DE ELLO

Pregúntale a tu hijo sobre estos cuatro roles y lo que significan para él. Pídele que los defina con sus propias palabras y que dé ejemplos. Haz que forme parte del plan familiar que piensen conscientemente qué tipo de persona serán cuando participen en el mundo online y cuáles son las consecuencias y deberes de cada rol.

Sabemos que cuanto más jóvenes son los niños cuando empiezan a utilizar las redes sociales, los juegos en línea, el streaming y otros servicios digitales, mayor es el impacto que estas plataformas tienen en ellos y en su salud mental. Sabemos que la cantidad de tiempo que dedican a los dispositivos les afecta de varias maneras. Sabemos que muchos preadolescentes/adolescentes navegan por este peligroso mundo en línea al tiempo que experimentan intensos cambios físicos y emocionales.

Y aún hay más: También sabemos que el género desempeña un papel en la forma en que los niños gestionan la agresión que puede suponer estar en línea. Por ejemplo, los estudios han demostrado que los adolescentes varones que sienten agresividad son más propensos a atacar físicamente, ya sea a través de los deportes, los juegos digitales agresivos o una pelea real con un amigo o hermano. Las adolescentes que sienten agresividad son más propensas a agredir socialmente, ya sea a través de represalias sociales, excluyendo o atacando a otros en la escuela o en línea, o creando o compartiendo rumores o secretos con el objetivo de herir a otros. Por eso debemos darles una salida cuando la presión sea excesiva. En el siguiente ejercicio, vamos a concienciar sobre el impacto que el mundo online puede estar teniendo ya mientras hablas con tu hijo sobre las siguientes preguntas.

Ejercicio 9:
Examinar las amenazas externas

1. ¿Qué edad tenías cuando empezaste a conectarte a Internet, a utilizar las redes sociales o a jugar?

2. ¿Era la edad adecuada para empezar? Mirando hacia atrás, ¿te hubiera gustado empezar antes o después?

3. ¿Dónde pasas la mayor parte de tu tiempo online?

    a. Redes sociales

    b. Juegos

    c. Creación de contenidos

    d. Otra cosa

4. ¿Cuánto tiempo pasas en las redes sociales (en horas al día)? Por cierto, padres, ¿están de acuerdo con su respuesta aquí?

    a. ¿Cómo te hace sentir?

    b. Feliz

    c. Triste

    d. Enfadado, frustrado

    e. Solitario

    f. Conectado

g. Visto

h. Asustado

i. Débil, poderoso, importante, inseguro

j. Otra cosa

5. ¿Cuánto tiempo pasas jugando (en horas al día)? Por cierto, padres, ¿están de acuerdo con su respuesta aquí?

6. ¿Cómo te hace sentir?

    a. Feliz

    b. Social

    c. Emocionado

    d. Contenido

    e. Como si estuviera haciendo algo

    f. Enfadado

    g. Agresivo

    h. Frustrado

    i. Adicto

    j. Inquieto

    k. Asustado

    l. Otra cosa

7. ¿Eres consciente de que el tiempo que pasas conectado y jugando afecta a cómo te sientes?

    a. Sí

    b. No

    c. No pienso en ello

    d. No creo que lo haga

No hay respuestas correctas o incorrectas. Es sólo un ejercicio para que hablemos de estos temas y pensemos en su impacto. A lo largo de estas conversaciones, anota las respuestas de tu hijo y cómo se siente. También sugiero que verifiquen el tiempo que pasan frente a la pantalla revisando sus dispositivos. ¿Están encendidos más de lo que creen? También me gustaría comprobar varias veces al año si sus sentimientos hacia el mundo online, el consumo digital o los juegos han cambiado y cómo se sienten actualmente.

PRINCIPALES AMENAZAS EXTERNAS

Veamos ahora las principales amenazas externas. Digo "clave" porque no hay forma de hacer una lista exhaustiva. Por eso tenemos que concienciar a nuestros hijos, capacitándoles para tomar decisiones saludables cada vez que reconozcan que algo es una amenaza o cuando se encuentren en un estado emocional elevado o se sientan vulnerables.

ACOSO EN LÍNEA (CIBERACOSO)/HOSTIGAMIENTO

Cuando éramos niños, nos preocupaban los matones en el patio de recreo, pero la unión hace la fuerza. Hoy ocurre lo contrario. Los jóvenes de hoy se enfrentan a eso y a los ciberacosadores, el ciberacoso y el hostigamiento. Los niños comparten muchos contenidos personales en Internet y, sin saberlo, abren la puerta a que otros los "consuman", sigan sus vidas, su mundo y formen fuertes vínculos, a favor o en contra de ellos. Otros pueden sentirse parte de su mundo u obsesionarse con los resultados. Además de las personas desconocidas para nuestros hijos pero que los siguen en Internet, también debemos tener en cuenta las amistades normales, los conocidos, los enemigos, los adversarios y otros.

Pensemos en el acoso y asesinato de Bianca Devins. Bianca y su familia vivían en una pequeña ciudad al norte del estado de Nueva York. Se hizo muy conocida por su página de Instagram bajo el nombre de @escty. Era una celebridad de Instagram de 17 años y la llamada "egirl". Acababa de terminar el instituto y estaba dispuesta a ir a la universidad en otoño.

Entabló una relación con alguien a quien conoció por Internet y, una noche, los dos estaban juntos en un concierto. La noche terminó trágicamente cuando Bianca fue gráfica y brutalmente asesinada. Lo más probable es que su "amigo" llevara mucho tiempo acosándola cibernéticamente. Lo que hizo el caso aún más horrible fue que el asesino adolescente publicó imágenes del asesinato en Instagram, el sitio web de juegos Discord, y 4chan, incluida una imagen muy gráfica y sangrienta de la víctima sentada en un todoterreno con el cuello cortado. El pie de foto decía: "Lo siento [improperio], vas a tener qué encontrar a otra persona a la que orbitar". (El término orbitar se utiliza para describir a los hombres que acechan la cuenta de una mujer en las redes sociales con la esperanza de mantener relaciones sexuales con ella).

El ciberacoso se produce cuando alguien utiliza cualquier medio electrónico (texto, correo electrónico, sitio web, redes sociales, teléfono) para acosar, controlar, manipular o menospreciar habitualmente a otro con o sin amenaza directa o implícita de daño físico. El ciberacosador busca ejercer poder y control mediante el abuso verbal, emocional, sexual o social. Si se ignora, puede resultar extremadamente peligroso para todos. Entonces, ¿cuál es la estrategia de salida de nuestros hijos? Nuestros hijos deben ser capaces de identificar este tipo de amenaza. ¿Lo sabrían si fueran víctimas de ella? Si son ellos el objetivo, la clave es que lo reconozcan y lo denuncien. ¿Y si vieran que esto le ocurre a otra persona en Internet? ¿Qué papel desempeñarían entonces? ¿Serían partícipes, facilitadores, espectadores o perturbadores? Espero que elijan siempre el de perturbador.

¿Cuáles son algunas formas de detener este tipo de actividad?

- Nunca le des a me gusta ni compartas la publicación del acosador.

- Haz siempre capturas de pantalla.

- Denuncia siempre la actividad.

Si tú eres el objetivo:

- Deja de comunicarte con el acosador; es importante que no respondas.

- Bloquea al acosador de tu teléfono, correo electrónico y redes sociales.

- Busca el apoyo de un amigo de confianza, un familiar o un consejero profesional.

- Lleva un registro de las fechas, horas, personas implicadas y descripciones de cuándo se produjo el acoso. Es posible que tenga que facilitar esta información cuando presente una denuncia.

- Guarda e imprime capturas de pantalla, correos electrónicos y mensajes de texto como pruebas.

- Informa de los incidentes, con los detalles, a la empresa de la página web o al proveedor del servicio de telefonía móvil.

- Llama al 911 si alguna vez te encuentras en peligro inminente.

- Si te preocupa tu propia seguridad o la de otra persona involucrada en una relación peligrosa, visita la Línea Nacional de Violencia Doméstica para chatear o llama al 800-799-7233.[74]

---

74 Fightcybercrime.org

SEXTORSIÓN Y CHANTAJE

La sextorsión es una forma de explotación sexual y, por desgracia, ocurre más a menudo de lo que los padres creen. ¿Cómo se ve envuelto un niño en esta situación? Un niño cree que el depredador tiene contenido inapropiado que el depredador obtuvo sin que el niño lo supiera, o el niño, al relacionarse con alguien en línea que "creía" conocer, envía voluntariamente contenido inapropiado, sólo para que luego ese contenido se utilice en su contra. Es algo así

El correo electrónico aleatorio: Un niño recibe un correo electrónico en el que el remitente afirma haberle "observado" a través de la cámara de su teléfono u ordenador. A continuación, el remitente exige dinero en efectivo o Bitcoin a cambio de mantener el contenido privado. El niño entra en pánico e intenta enfrentarse o manejar la situación solo. Esto está muy prohibido. Lo que queremos que los niños entiendan es que cuando se reciben al azar, nueve de cada diez veces (o incluso diez de cada diez veces), nadie ha pirateado su sistema ni ha tomado ningún vídeo, foto o dato. Se trata de correos electrónicos fraudulentos que buscan pagos en efectivo o Bitcoin.

Ignore los correos electrónicos, bloquee la cuenta de correo electrónico del remitente y elimínelos.

Se ha producido un compromiso real: Otros ejemplos son más preocupantes. Sabemos que a menudo los niños acaban interactuando con otros en Internet y, en ocasiones, compartiendo contenidos inapropiados. Esto crea una diferencia de poder entre el niño y la persona que solicitó el contenido inapropiado. Después de que un niño haya enviado inocentemente un vídeo o una foto, el agresor suele exigir más contenido o amenazar con compartir lo que ya ha recibido con la familia y la red del niño. Lamentablemente, esto ocurre más de lo que se piensa. En estos casos, los niños se sienten abrumados, solos y gravemente traumatizados. En casos extremos, los niños se sienten atrapados y se ven obligados a hacer más cosas, como crear contenidos sexuales o realizar actos sexuales por streaming en tiempo real. Muchos de estos niños se encuentran en una red de la que no pueden escapar y en la que se enredan más con cada foto o vídeo.

Tomemos como ejemplo la historia de Riley K. Basford, un joven de 15 años que vivía en casa de su padre en Texas. La familia se enteró de que Basford había sido extorsionado en Internet después de que compartiera fotografías personales con un usuario de Facebook que se hacía pasar por una chica joven y atractiva. El agresor exigió a Basford 3.500 dólares tras el intercambio de fotos y le amenazó con compartirlas con sus amigos y familiares. El joven no pudo manejar la situación y optó por el suicidio como vía de escape.[75]

Es muy difícil hablar de estas cosas, pero debemos hacerlo. Los niños deben saber que se trata de correos masivos y

---

75   https://www.nny360.com/communitynews/healthmatters/he-did-not-want-to-die- family-of-potsdam-15-year-old-who-died-by/ article_38cb3143-603f-5927-8aaf- d2491f194915.html

que los remitentes están esperando a que alguien responda. Estafan dinero a quien pueden. Los niños nunca deben caer en este tipo de correos. En el segundo caso, el depredador se dirige a un niño y hace lo que sea necesario para hacerle creer que tiene una conexión especial con él. En estos casos, puede que el niño conozca al solicitante en la vida real (puede tratarse de una situación de novio/novia) o puede que sólo "crea" conocer al solicitante porque ha pasado mucho tiempo chateando con él. En todos los casos, independientemente de quién lo pida o por qué, una solicitud de fotos o vídeos inapropiados es una enorme señal de alarma y siempre debe responderse con un "No". Estamos creando una estrategia de salida preventiva en estas situaciones hablando de los diferentes escenarios por adelantado. Los niños nunca deben participar, permitir o ser espectadores en estas situaciones. Siempre deben ser un perturbador.

Si un niño comete un error y envía una foto o un vídeo inapropiados, la clave es asegurarse de que se siente cómodo para acudir a ti (o a otro adulto de confianza) en busca de ayuda para salir de la situación. Como adulto, mantén siempre la calma. Recuerda que los preadolescentes y los adolescentes hacen cosas fuera de lo normal. Necesitan sentirse seguros para acudir a ti cuando se den cuenta de que han hecho algo mal. Además, nunca pagues rescates ni envíes más contenido. Denuncia siempre al infractor a las autoridades (y puedes hacerlo discretamente). Denuncia siempre al infractor a los portadores de las redes sociales y lleva inmediatamente al niño a terapia para que afronte el trauma real que esto le causa. Los niños de los que se han aprovechado de esta manera suelen sentirse avergonzados, abochornados, asustados, deprimidos, traicionados, culpables, solos, enfadados, abrumados, ansiosos y asustados. Padres, debemos ser un refugio seguro para nuestros niños vulnerables. Recuerden que, a esta edad, toman decisiones sin tener en cuenta las consecuencias hasta que a menudo es demasiado tarde. Pero hablando por adelantado, compartiendo los riesgos y peligros de antemano, y dándoles todas las herramientas necesarias para conocer el peligro y verlo venir, pueden protegerse mejor de él. Pase lo que pase, cuando se cometen errores, nuestra posición debe ser siempre la de ayudar a nuestros hijos a curarse y a tomar mejores decisiones, aunque nos escandalicen sus elecciones.

La sextorsión y el acoso sexual son reales y están muy extendidos. De hecho, a medida que los adolescentes tardíos y los adultos jóvenes participan en la investigación, hemos llegado a saber que casi el 21% de las mujeres de entre 18 y 29 años afirman haber sido acosadas sexualmente en línea; y alrededor del 53% de las mujeres jóvenes de entre 18 y 29 años dicen que alguien les ha enviado imágenes explícitas que no pidieron.[76] Debemos protegerlas y abordar todos los sentimientos resultantes. Sin vergüenza, sin culpa: sólo ayuda para nuestros hijos que son víctimas de estos momentos. Para más información sobre la sextorsión, visita fbi. gov y rain.org.

---

76   https://www.ofsms.org/resources/

DEPREDADORES Y EXPLOTACIÓN INFANTIL

Los ciberdepredadores no se limitan a ver a un niño en Internet, encontrar su dirección e ir a por él. Una vez que tienen un objetivo, se toman su tiempo para cultivar una conexión con él. El proceso de captación varía en función del objetivo final del depredador. Aun así, el proceso sigue patrones similares, que incluyen visitar sitios de redes sociales, plataformas de juegos, programas de transmisión digital y otras áreas en línea populares entre los jóvenes. El depredador se pondrá en contacto, fingiendo tener la edad del preadolescente/adolescente. El depredador suele utilizar fotos de perfil falsas. Estudia a su objetivo y finge compartir intereses similares. El depredador dedicará tiempo a dar "me gusta" a sus publicaciones, a comentarlas ocasionalmente y a establecer contactos privados, pero amistosos, a través de mensajes como "He visto que has sido el protagonista de la obra de teatro de tu colegio, ¡qué guay!" o "Parece que estás enfadado con un amigo, ¿por qué la gente es tan mala?". Padres, ¡este es un recordatorio para repasar qué tipo de publicaciones está haciendo tu hijo! Si deciden compartirlo todo en Internet, deben saber que los depredadores utilizarán este contenido contra ellos. Dedicarán tiempo y harán todo lo posible para conseguir información personal (colegio, casa, lugar de trabajo… ¡recuerda nuestras 3 Banderas Rojas de la Comunidad!) Enviarán regalos o establecerán contacto directo con su objetivo o lo atraerán hacia ellos. A lo largo del proceso, el groomer también empezará a entablar amistad con personas del entorno del menor. Esto les servirá para influir en el niño en el futuro.

En cuanto el depredador vea una oportunidad, empezará a orientar los chats hacia lo sexual. Pronto pedirá repetidamente al objetivo que se haga fotos o grabe vídeos de sí mismo y se los envíe al groomer. En casos extremos, el groomer presionará al menor para quedar en persona e incluso volará a la ciudad del menor para quedar en persona. Como hemos visto antes, una vez que el groomer tiene las fotos, el proceso de chantaje puede comenzar con amenazas de compartir chats sexuales privados, fotos o vídeos con los amigos o la familia de la víctima. Lamentablemente, el proceso funciona más a menudo de lo que se piensa, especialmente con niños de 12 a 15 años, que son más susceptibles a la captación y la manipulación.

En el último capítulo compartí algunas de estas estadísticas, pero es necesario examinar la magnitud de lo que está ocurriendo:

- Hay aproximadamente 500.000 depredadores en línea activos cada día, que atacan a varios niños a la vez.[77]

- La friolera del **82% de los delitos sexuales contra menores tienen su origen en las redes sociales,**

---

77   https://www.wane.com/news/local-news/with-500000-online-predators-active- everyday-heres-how-to-keep-your-kids-safe/

donde los depredadores conocen los gustos y hábitos de sus víctimas.[78]

- Aproximadamente el **89%** de las insinuaciones sexuales dirigidas a menores se producen en salas de **chat de Internet o a través de mensajería instantánea.**[79]

Los padres sabemos que este es un problema, ya que casi el 60% de nosotros afirma estar preocupado por las amenazas que los extraños plantean en la red.[80] Es hora de que abordemos este difícil asunto con conversaciones directas con nuestros pequeños usuarios de Internet. Si quieren estar en línea, deben ser conscientes de que esto ocurre y conocer los signos de la captación de menores y qué hacer al respecto.

SEÑALES DE QUE UN NIÑO ESTÁ SIENDO SEDUCIDO EN INTERNET

El grooming online puede ser difícil de detectar porque suele ocurrir mientras el niño está en casa y simplemente utiliza el ordenador. Los groomers suelen ordenar a los niños que no hablen de su conducta. Sin embargo, si realmente prestamos atención, podemos encontrar indicios de que un niño está siendo captado por un depredador en línea. Esto puede incluir pasar cada vez más tiempo en línea,

---

78 https://www.ofsms.org/resources/
79 https://www.guardchild.com/statistics/
80 https://childsafety.losangelescriminallawyer.pro/children-and-grooming-online-
predators.html

volverse reservado sobre su conducta en línea, cambiar de pantalla o cerrar pestañas o ventanas cada vez que uno de los padres está cerca, cambiar contraseñas a menudo, utilizar un lenguaje sexual que no se esperaría que conocieran y volverse emocionalmente volátil.

Es muy difícil para un niño detectar a un groomer en un mar de intercambios con su comunidad en línea, especialmente cuando las fotos de perfil, las publicaciones y las historias de un groomer parecen tan inocentes y auténticamente "centradas en los adolescentes". Aún así, los groomers son expertos en aparentar ser amigos, pero a la larga intentarán ponerse muy personales (señal de alarma), convertir la conversación en algo sexual (señal de alarma), hacer preguntas personales poco a poco o cuando juegan (señal de alarma) y pedir contenido inapropiado (chats, fotos o vídeos sexuales) como broma, reto o señal de una "relación especial" (señal de alarma). Las normas y las conversaciones en torno a este tema deben tener lugar continuamente.

Padres, tenemos que comprobar constantemente lo que hacen nuestros hijos en Internet, revisar los seguidores de nuestros hijos y qué tipo de chats les llegan. Debemos hablar sobre la atmósfera del espacio en línea de nuestros hijos, y hacerlo a menudo. Recuerda a los niños, incluso a los que intentan ser famosos o construir una gran marca, que nunca deben cultivar relaciones con extraños en Internet. Las conversaciones se vuelven preocupantes cuando la persona al otro lado de la pantalla insiste en que la relación se mantenga oculta a un padre o cuidador (¡recuerde su norma sobre aplicaciones ocultas!). Cuando un niño cree conocer a una persona con la que chatea en línea, pero nunca se han visto en la vida real, las señales de alarma cobran aún más importancia.

LAS TENDENCIAS EN LÍNEA HACEN ATRACTIVA LA CAPTACIÓN DE MENORES POR INTERNET

En la misma línea, la captación de menores por Internet aumentó durante el COVID (2020). Padres, me da vergüenza escribir sobre esto, pero tenemos que abordarlo. Háganse un favor, tómense un momento para ir a TikTok o Instagram y busquen el término "sugar daddy" o "sugar baby" (#sugardaddy #sugarbaby). Me muero literalmente cada vez. Sí, se trata del intercambio de "tiempo" por regalos y dinero y, tristemente, la práctica es legal. Obviamente se piden favores sexuales, lo cual es ilegal cuando se trata de un menor, pero perfectamente legal para un adulto.

De nuevo, nadie controla esto ni comprueba las edades de los participantes. La tendencia actual es enorme en Internet, y todos nuestros hijos la conocen. Esto alimenta la siniestra realidad de la captación de menores en Internet. En términos generales, la captación de menores en línea es ilegal e incluye cualquier acción realizada por un adulto para obtener una respuesta sexual (fotos, vídeos, mensajes gráficos) de un niño. Este ámbito es más directo y se ve alimentado por la comunidad global con la que se relacionan nuestros hijos, el gran muro del anonimato, así como las muchas herramientas diferentes de que disponen los depredadores para atraer a nuestros hijos. Aunque de naturaleza delictiva, estos delitos son difíciles de rastrear y seguir, en parte porque las empresas de redes sociales protegen la identidad y el contenido del usuario. Es importante que los niños sepan que este tipo de cosas ocurren y, por tanto, puedan protegerse para no ser nunca un objetivo. Además, si ven que este tipo de actividad afecta a alguien que conocen, ¿qué papel debe desempeñar tu hijo? Sin duda, da miedo involucrarse en estas situaciones, pero denunciar las cuentas y ser un perturbador es siempre un primer paso fácil y seguro.

CONSECUENCIAS LEGALES PARA LOS DEPREDADORES EN LÍNEA

Las amenazas de violencia, la pornografía infantil, los mensajes o fotos sexualmente explícitos no autorizados o las fotos/vídeos tomados en lugares privados deben denunciarse siempre inmediatamente a las autoridades policiales locales. Muchos estados tienen leyes que impiden a los adultos "corromper" a menores o mantener conversaciones sexualmente explícitas con menores de 18 años. Además, es ilegal enviar material pornográfico a menores o animar o presionar a menores para que envíen fotografías o vídeos explícitos de sí mismos. Los adultos declarados culpables de este tipo de conducta pueden ser condenados a prisión y, como consecuencia de la condena, pueden tener que registrarse como delincuentes sexuales.

RECURSOS:

Para más información sobre las leyes federales: https://www.justice.gov/criminal-ceos/citizens-guide-us-federal-law-obscenity

Para más información sobre las leyes relativas a los delincuentes sexuales y la prevención de la violencia sexual: https://www.ncbi.nlm.nih.gov/pmc/ articles/PMC2820068/

EFECTOS DE LA CAPTACIÓN DE MENORES

Un niño que ha sido objeto de captación y explotación en línea se enfrentará a terribles ramificaciones emocionales y físicas. A menudo, la vergüenza de la experiencia es demasiado para ellos. El miedo a que sus acciones sean compartidas con otros miembros de su comunidad les atormentará. El sentimiento de ser violado y explotado puede provocar trastornos alimentarios, ansiedad social, autolesiones, depresión, drogadicción, aumento de la actividad sexual y suicidio.

Pero padres, ningún niño está solo en esto. Tristemente, 2020 fue un año récord, con más de 21,7 millones de denuncias de sospecha de explotación sexual infantil realizadas a la CyberTipline del Centro Nacional de Menores Desaparecidos y Explotados.[81] Nuestros hijos están siendo cazados en línea, y debemos hacer todo lo posible para protegerlos.

¿EL NIÑO HUYÓ… O FUE ATRAÍDO?

Este es un campo de trabajo enorme para muchos en el ámbito de la seguridad infantil. Creo que estarán de acuerdo conmigo cuando digo que un niño "fugado" es tratado de manera muy diferente por las fuerzas del orden y visto de manera diferente en la comunidad que un niño que, digamos, ha sido "secuestrado". Miramos a los fugados y decimos:

"Han tomado una decisión. Volverán cuando estén preparados". La pequeña Becky estaba pasando por algunas cosas. Es una niña salvaje; se calmará y volverá a casa pronto". Ese tipo de pensamiento reduce el empuje masivo para encontrar a un niño fugado. ¿Saben qué? Los traficantes de personas lo saben y suelen aprovecharse de ello.

John Clark, ejecutivo del sector del petróleo y el gas y fundador de la Operación Escudo de Texas, es también un reputado experto en la lucha contra la trata de seres humanos. Ha estudiado y desvelado el proceso que utilizan los groomers y depredadores para captar y atraer a niños y adolescentes. En un post de Facebook, escribió:

El tráfico sexual suele empezar con un hombre o una mujer unos años mayor que la adolescente. El groomer lleva a la adolescente

---

81   https://www.missingkids.org/blog/2021/rise-in-online-enticement-and-other- trends--ncmec-releases-2020-

a nuevos lugares, se divierte y actúa como un mentor. A continuación, el groomer introduce a la adolescente en las drogas y el alcohol mientras intenta aislarla de sus padres. A continuación, la adolescente es presentada a nuevas personas y llevada a lugares para adultos, como clubes. Con el tiempo, la adolescente conoce a un proxeneta, normalmente disfrazado de músico, propietario de un club o cualquier otra cosa que le resulte excitante. Tras entablar cierta relación, el proxeneta suele invitar a la adolescente a una fiesta cuando cumple 18 años. Ese es el momento en que es más probable que la adolescente se vea obligada a entrar en el tráfico sexual.

Además, esbozó un proceso real de seis pasos que muchos padres de víctimas han descubierto que es exactamente lo que les ocurrió a sus propios hijos. La alarmante verdad es que lo que ocurre en el sexto paso parece como si un adolescente se hubiera escapado, cuando en realidad, ese joven adulto ha sido estratégicamente atraído bajo fraude y falsos pretextos. Esta hábil manipulación desvía hasta cierto punto a las fuerzas del orden. Mientras el mundo se desentiende en cierto modo del "fugitivo", lo que ocurre en realidad es que se queda atrapado soportando terribles abusos. Las víctimas de la trata son violadas, vendidas muchas veces al día, inyectadas con drogas contra su voluntad y, a menudo, tatuadas y marcadas por el traficante que se las llevó. Conocer estos seis pasos y saber cómo reconocerlos puede muy bien salvar la vida de tu hijo. He aquí los seis pasos definidos por John Clark en fightforus.org[82].

---

82   https://www.fightforus.org/what-you-need-to-know

Ejercicio 10:
El proceso en seis pasos de los traficantes de seres humanos

Padres, sé que es una realidad muy difícil de afrontar y discutir con sus hijos, pero les pido que sigan estos seis pasos con ellos. Que vean lo que hacen estos traficantes para que puedan identificarlo si ven que ocurre en su vida, o en la vida de un amigo.

1. **AMIGO**: Este paso es el más difícil de reconocer. Un nuevo "amigo", aparentemente no amenazador, entabla amistad con tu hijo adolescente. El nuevo amigo suele ser divertido, parece muy simpático y a menudo actúa como mentor. Los "groomers" pueden estar en cualquier parte, incluso en el colegio o la iglesia, y algunos tienen padres falsos o una familia falsa en una casa que sólo sirve de fachada para el proceso de captación.

2. **INTOXICAR**: Este paso introduce fricción en las relaciones del adolescente en casa. El objetivo del nuevo amigo es asegurarse de que tu hijo se divierta y se sienta "guay", a menudo introduciendo alcohol y/o drogas. El amigo (también conocido como groomer) aumentará la frecuencia y la facilidad de acceso al alcohol y/o las drogas. Tu hijo empieza a sentir una

sensación de independencia y un deseo de encajar porque porque "todo el mundo" hace lo mismo.

3. **ALIENATE**: Este paso empieza a poner al adolescente en contra de sus padres. Delante de los padres, un groomer será educado y amable. Algunos groomers tienen familias falsas que parecen ser cariñosas y bienintencionadas. A espaldas de los padres, el groomer empieza a reñir a los padres del adolescente y a señalar las expectativas poco razonables de los padres, con el objetivo de abrir una brecha entre el adolescente y sus padres.

4. **AISLAR**: Este paso separa al adolescente de viejos amigos con los que comparte valores fundamentales. Empieza a presentar al adolescente a "nuevos" amigos que son "más divertidos". Los padres pueden empezar a descubrir que su hijo adolescente ha dejado de frecuentar a los viejos amigos, incluso a los mejores amigos de toda la vida. Los nuevos amigos apoyan y aceptan al adolescente, mientras que los antiguos amigos lo desaprueban. El adolescente puede empezar a mentir sobre sus actividades, diciendo que pasa tiempo con un viejo amigo cuando en realidad está con el nuevo grupo de amigos. Una vez que el traficante lleva al adolescente a este paso, el adolescente está en peligro real e inmediato.

5. **DESENSIBILIZAR**: Este paso empieza a desorientar la brújula moral del adolescente. El groomer empieza a hablar al adolescente de tener una vida "mejor", continúa presentándole nuevos amigos mayores, quizás en un club nocturno donde el adolescente consigue entrar de alguna manera, a pesar de ser menor de edad. El nuevo grupo de amigos adula al adolescente, le hace sentirse muy especial y refuerza la idea de que sus padres son el enemigo. Los nuevos amigos parecen tener dinero y un gran estilo de vida y atraen al adolescente para que empiece a participar en actividades que normalmente están prohibidas (bailar por dinero, traficar o consumir drogas).

6. **CAPITALIZAR**: El propósito de este último paso es alejar al niño de sus padres mediante el lavado de cerebro, la coacción, el secuestro o una combinación de los tres. La intención del groomer es llevarse a una hija o hijo y ganar dinero con él o ella. Los reclutadores esperan pacientemente y aprovechan la oportunidad adecuada cuando se presenta. Presentarán al adolescente a una persona "guay", tal vez un amigo rapero o el DJ de un club popular de la ciudad. El adolescente se da una vuelta con el DJ y después de su 18 cumpleaños o va a una fiesta y desaparece, sin volver nunca a casa. En este paso, si los reclutadores consiguen mantener alejado a tu

adolescente durante más de tres semanas, es muy difícil encontrar y rescatar a la víctima.

Bien padres, respiren hondo. Sí, esta información es difícil de asimilar y procesar, y es aún más difícil aceptar que estos peligros están al alcance de la mano de su hijo o hija. Les felicito por hacer el esfuerzo de proteger a sus hijos de estas amenazas tan reales.

PROPAGANDA Y MENTALIDAD DE REBAÑO

Resulta extraño incluir esto como una amenaza externa, pero teniendo en cuenta los últimos años, está claro que debo hacerlo. "Propaganda" en su sentido tradicional se refiere a la comunicación persuasiva y contundente utilizada para promover agendas políticas, especialmente en tiempos de guerra (pensemos en Hitler). Pero los tiempos han cambiado y, dado el alcance y la repercusión de las redes sociales y los silos que crean los algoritmos en línea, ahora vemos la propaganda como una comunicación intencionada y persuasiva que se dirige a los oyentes, influye en su toma de postura y cambia su forma de pensar, al tiempo que consigue que tomen medidas sobre una serie de cuestiones sin conocer todos los hechos, ya sea a gran escala (política, ya sea a gran escala (política, religión, libertades, orientación sexual, políticas de género, sanidad, el papel de las fuerzas del orden en la sociedad) o de carácter más personal y local (la decisión de un alumno acosado de llevar la violencia a la escuela o las acciones que un acosador enamorado emprenderá contra sus intereses). Ahora sabemos que este fenómeno tan real existe. Unido a la mentalidad de rebaño, nuestros hijos pueden ser impactados en el pensamiento y, en última instancia, en la acción y ni siquiera saber por qué se ven obligados a hacer algo.

Añadamos otra capa: Internet permite a nuestros hijos conectarse con cualquiera, incluso con "líderes" locales, nacionales o de todo el mundo. En el mundo actual, los niños no dudan en tuitear, enviar correos electrónicos, enviar mensajes o intentar ponerse en contacto con estas personas. Y a veces, estos líderes responden o hacen que personas de sus equipos respondan. Es importante saber esto cuando hablamos de conceptos en general con nuestros hijos. La propaganda puede detectarse fácilmente. ¿Presenta un artículo un lado de una cuestión y demoniza a los demás? ¿Esencialmente "dice" al lector lo que tiene que pensar, o presenta ambos lados de una cuestión con la intención de dejar que el lector decida qué pensar y qué postura adoptar? El mundo online está lleno de agendas unilaterales y por eso debemos ayudar a nuestros hijos a pensar de forma crítica y a considerar ambos lados de una cuestión, no sólo a seguir una idea porque parece que "todo el mundo lo hace". Debemos enseñar a nuestros hijos a ser líderes de pensamiento, para que no sean manipulados por agendas políticas o de marketing.

Aunque nunca podremos evitar o alejarnos de la propaganda o la mentalidad de rebaño, la idea aquí es asegurarse de que tu hijo no está manipulado emocionalmente o atrapado en las agendas políticas o sociales de otros. La estrategia de salida es ser un pensador sensato e independiente.

He aquí algunas pautas que puedes comentar con tu hijo para fomentar el pensamiento independiente:

- Cuando navegues por Internet, sé proactivo y ten en cuenta lo que consumes y a quién sigues. Pregúntate si sigues exclusivamente a un partido o a una corriente de pensamiento, por ejemplo en Twitter u otras plataformas. ¿Te permites escuchar y explorar todos los puntos de vista de un tema?

- ¿Cómo puedes investigar un tema en el que crees, considerando todo un espectro de ideas y opiniones? ¿Has contactado alguna vez con desconocidos cuyas opiniones respetas para intentar entablar una conversación o hacerles preguntas? ¿Han respondido?

- ¿Cómo te formas tu propia opinión verdadera? ¿Cómo te aseguras de que no te dejas llevar por las emociones de los demás ni te dejas llevar por la mentalidad de rebaño o el mimetismo?

- ¿Hasta qué punto te afectan los problemas? ¿Has ido demasiado lejos? ¿Tienes a alguien en quien puedas confiar que te conozca físicamente en la vida real y que sea un adulto de confianza?

- ¿Te darás tiempo para tomar decisiones sobre los problemas?

DISCURSO INCITADOR AL ODIO

Mientras que la propaganda tiene el potencial de socavar fundamentalmente a nuestros hijos, nuestras escuelas, nuestra comunidad y sociedades, el discurso del odio ha estimulado acciones que han resultado en muerte y destrucción, incluso a manos de jóvenes que nunca esperarías que se involucraran en tal violencia. El discurso incitador al odio se utiliza para vilipendiar, humillar o incitar al odio contra una persona, grupo o clase de personas. También son acciones como el trolling en línea. Crea un sentimiento de nosotros contra ellos, o yo contra ti, unido a un sentimiento de verdadera falta de preocupación por los demás. El discurso incitador al odio es un problema muy real en Internet en este momento y nuestros hijos se encuentran con él a diario, ya sea en palabras, símbolos, imágenes, memes, emojis, canciones, juegos, contenido digital y mucho más. Es importante señalar que el contenido que incita al odio no siempre es obvio. Puede ser bastante sutil y manipulador cuando las ideas se insertan de manera casual, o implícita, o se emiten como una simple "cuestión de hecho".

Alrededor del 64% de los adolescentes estadounidenses se han topado con discursos de odio en Internet.[83] Durante el punto álgido de la pandemia del COVID, una organización que supervisa el acoso y el discurso a favor del odio en Internet descubrió un aumento del 70% del ciberacoso en cuestión de

---

83   https://www.ofsms.org/resources/

meses, un aumento del 40% de la toxicidad en las plataformas de juegos en línea, un aumento del 900% del discurso de odio en Twitter dirigido hacia China y los chinos, y un aumento del 200% del tráfico a sitios que incitan al odio.[84]

El discurso incitador al odio también era un problema antes de la pandemia, ya que más de la mitad de los estadounidenses, el 53 %, afirmó haber sido objeto de discursos incitadores al odio y acoso en 2018.[85] Sabemos que se trata de un problema, especialmente en el espacio online. El anonimato, las emociones exacerbadas y la falta de factores físicos que puedan mitigar las acciones o palabras de uno (es decir, tu objetivo no está de pie frente a ti mientras lo atacas) conduce a allanar el camino para una "guerra de palabras" (palabras realmente malas e hirientes) a diario. Es importante ayudar a los niños a compartimentar lo que es el discurso del odio y su impacto.

Debemos tener cuidado por la forma en que el cerebro de un preadolescente o adolescente está conectado; sabemos que incluso los mensajes sutiles de odio "se pegan", especialmente cuando nuestros hijos tratan de formar su identidad y sus valores. Los niños me preguntan a menudo: "¿Qué pasa con mi derecho a la libertad de expresión?". En esta misma línea, los padres preguntan a menudo si la

---

84	https://www.verywellfamily.com/cyberbullying-increasing-during-global-
85	https://www.usatoday.com/story/news/2019/02/13/study-most-americans-have- pandemic-4845901
been-targeted-hateful-speech-online/2846987002/

expresión en línea puede ser causa de disciplina escolar. Son grandes preguntas.

Abordemos primero la libertad de expresión con la historia de una mujer de Connecticut que era analista de servicios empresariales públicos y gubernamentales y trabajaba en Deloitte. Era el trabajo de sus sueños, pero fue despedida tras publicar un vídeo en el que sugería que apuñalaría a quienes dijeran "Todas las vidas importan". La licenciada en Harvard escribió en TikTok:

"El nervio, la pura caucasidad con derecho a decir, 'todas las vidas importan' ... Te apuñalo, y mientras luchas y te desangras, te enseño mi corte de papel y te digo: 'Mi corte también importa'".

La joven insistió en que se trataba de una broma y la cuestión pasó a ser la de la libertad de expresión y su protección. ¿Qué pensamos? ¿Está bien este tipo de amenaza? ¿Es real o una broma? ¿Qué dice la ley? No existe una definición legal de "incitación al odio", lo que significa que la mayor parte del lenguaje que incita al odio está protegido e incluso es legal en virtud de la Primera Enmienda de la Constitución de Estados Unidos, que garantiza la libertad de expresión. Dicho esto, el discurso del odio cruza la línea para convertirse en ilegal cuando incita directamente a una actividad delictiva inminente o incluye amenazas específicas de violencia dirigidas contra una persona o grupo. Se puede argumentar que el comentario anterior no incita realmente a una actividad delictiva inminente. Pero debemos recordar que la libertad de expresión se aplica a nuestra relación con el gobierno y a los cargos que puede o no presentar contra nosotros. Deloitte, una empresa privada, puede elegir exigir un cierto nivel de comportamiento a sus empleados y despedir a aquellos que no estén a la altura. Esto se relaciona directamente con la protección de los estándares de su marca, ¡algo de lo que ahora sabemos todo!

Otro motivo de preocupación en auge son las amenazas de los alumnos contra sus centros de enseñanza.

Veamos este ejemplo: Si un alumno tuitea: "Hola, compañeros de 9º curso, los odio a todos. Aquí tienen el aviso de que mañana habrá un derramamiento de sangre en la escuela, ya no seguiré con el juego", pueden esperar que el FBI local se presente en su casa y proceda a una detención por amenaza terrorista. Añadir "sólo bromeaba" no hace nada. Las escuelas están obligadas a tomar en serio estas amenazas. Un caso histórico de Ohio dictaminó que los alumnos de las escuelas públicas tienen libertad de expresión a menos que se determine que esa expresión "interfiere material y sustancialmente" con el funcionamiento de la escuela. Esta sentencia del caso Tinker contra el Distrito Escolar Independiente de Des Moines (1969)[86] sigue siendo la norma legal.

86　https://www.uscourts.gov/educational-resources/educational-activities/facts-and- case-summary-tinker-v-des-moines

¿QUÉ OCURRE CON LA EXPRESIÓN EN LÍNEA CREADA POR LOS ALUMNOS FUERA DEL ENTORNO ESCOLAR?

Incluso el discurso en línea creado fuera de la escuela y fuera del horario escolar está sujeto a medidas disciplinarias cuando perturba los derechos de otros estudiantes a sentirse seguros en la escuela y recibir su educación. Una sentencia de un tribunal federal de San Francisco dictaminó que las redes sociales creadas por alumnos fuera del campus con la intención de perturbar el funcionamiento de la escuela pueden considerarse "discurso escolar" y estar sujetos a la disciplina escolar adecuada.[87]

Entonces, ¿cómo desarrollar una estrategia de salida? Aunque no podemos evitar por completo el discurso de odio de otros, podemos asegurarnos de no formar parte de él y tener un plan para cuando nos encontremos con que les ocurre a otros.

1. Habla con tus hijos sobre la realidad del discurso de odio.

2. Pídeles que lo definan (lenguaje utilizado para degradar, insultar, amenazar, intimidar y abusar) y piensa en lo que pueden haber visto o incluso dicho últimamente.

3. Si han reconocido la incitación al odio, pregúntales qué papel han desempeñado. ¿Fueron participantes, facilitadores, espectadores o perturbadores?

---

87 https://www.uscourts.gov/educational-resources/educational-activities/facts-and- case-summary-tinker-v-des-moines

4. Dar un ejemplo claro: Nuestros hijos siempre deben interrumpir (denunciar) las amenazas contra ellos mismos, otra persona, un grupo o la escuela.

5. ¿Cómo les hizo sentir lo que se dijo?

6. ¿Cómo creen que hizo sentir a los demás? Habla sobre la realidad de que el discurso de odio no es sólo degradante, sino que tiene el poder de afectar realmente a la autoestima del objetivo y conducir a la depresión, el aislamiento, la ira, el comportamiento antisocial y autodestructivo.

7. ¿Ha cambiado tu opinión sobre las personas o las cosas?

8. ¿Ven cómo el lenguaje podría haber afectado a la persona a la que iba dirigido?

9. ¿Comprenden que la expresión en línea, incluso fuera del horario escolar y del recinto escolar, puede considerarse parte de su conducta escolar?

10. ¿Cuáles son tus valores familiares? ¿Qué brújula moral les guía? ¿Cuál es tu norma permanente sobre la incitación al odio?

11. Y lo más importante, a medida que crecen y se forman opiniones apasionadas, ¿cómo gestionan sus sentimientos, sus ideas y su compromiso en un mundo con tantos puntos de vista diferentes?

LA UBERIZACIÓN DE LAS DROGAS, LAS PASTILLAS, EL ALCOHOL Y MÁS

Una nueva realidad que debemos tomarnos en serio es lo que yo llamo la "uberización" o entrega a domicilio de drogas, pastillas, vaporizadores, alcohol y más. Lamentablemente, aunque no tenemos ni idea de lo que está ocurriendo, nuestros hijos ven menús de drogas, hablan con traficantes y hacen pedidos a domicilio de forma similar a como tú y yo pedimos una pizza. ¿Quién lo hace? Los niños buenos. Los niños de todos los días. Niños aburridos. Niños felices. Niños tristes. Niños curiosos que quieren experimentar. Niños que tienen muchos amigos que también lo hacen. Niños que no tienen ni idea de lo que hacen ni de lo peligrosas que son sus acciones.

Entonces, ¿qué ocurre realmente? Es tan sencillo como 1, 2, 3. Los niños conectan en las redes sociales con los traficantes en cuestión de segundos. Después de mirar un colorido y tentador "menú" de opciones, seleccionan la droga o píldora de su elección, y en cuestión de minutos, pueden encontrar ese artículo en la puerta de sus familias (padres, recuerden nuestras reglas sobre las aplicaciones que tienen el seguimiento de localización GPS activado, apáguenlo para que este tipo de conexiones, a menudo hechas por proximidad geográfica, no se puedan hacer tan fácilmente). Si no quieren que se lo lleven a casa, los distribuidores tampoco tienen problema. Los vendedores se reúnen con los niños en un parque o cruce cercano. El dinero se intercambia en línea o en persona. La transacción es más fácil de lo que imaginas y, además, más barata. Al principio.

Hay muchos problemas con esto, muchos. En primer lugar, antes de que pienses: "Bueno, los niños enganchados a las drogas hacen cualquier cosa", seguido de "Gracias a Dios, tengo un buen hijo", te insto a que vuelvas atrás y releas la historia inicial de este libro, que me ha impactado personalmente hasta la médula. Sammy era un buen chico, en una de las mejores familias, con sueños y planes y un camino para conseguirlos todos. No hablaba con un traficante para alimentar una gran adicción a las drogas. No estaba mirando el colorido menú de drogas porque lo buscara necesariamente, o porque formara parte de su rutina diaria y normal. Ni siquiera buscaba drogas. Era un consumidor ocasional que buscaba una pastilla con receta. Y era el objetivo. Posiblemente por curiosidad, aburrimiento o dolor. O quizá, sólo quizá, lo pidió porque los traficantes y las empresas de redes sociales se lo pusieron demasiado fácil. Un clic aquí, un cargo de 15 céntimos allá, y -boom- se lo entregaron. Como he dicho, tan fácil como 1, 2, 3.

Y al fin y al cabo, Sammy no estaba haciendo una compra que pensara que le alejaría o podría alejarle de su familia y de la gran vida que llevaba. Compró lo que pensó (creemos) que era una pastilla de Percocet. Sólo una pastilla. Pero acabó con su vida casi al instante. ¿Por qué? Porque estas pastillas y drogas, vendidas por traficantes a los que les importa un bledo, se fabrican en laboratorios, garajes o lugares extranjeros sin ningún tipo de control. Y, por desgracia, el fentanilo se utiliza como aditivo en un número récord de estas píldoras y drogas artificiales.

¿Por qué Fentanyl? Porque es fácil de conseguir, fácil de añadir y altamente adictivo si no te mata. Es posible que haya oído hablar del fentanilo como un opioide sintético aprobado para el tratamiento del dolor intenso, como el dolor del cáncer avanzado. Pero el fentanilo, fabricado ilícitamente, es el principal responsable del reciente aumento de muertes por opiáceos sintéticos. Sorprendentemente, las muertes por opioides sintéticos en Estados Unidos han aumentado un 264 % entre 2012 y 2015[88] y estas cifras se han disparado aún más en los últimos años. De cincuenta a cien veces más potente que la morfina, solo dos miligramos de fentanilo (2 granos de sal) pueden matar a alguien tras su ingestión. Y si estás pensando: Mi hijo solo fuma marihuana. Bueno, según un estudio de 2019, la droga ilegal más popular de elección en 2018 fue la marihuana, con un estimado de 43,4 millones de usuarios solo en los Estados Unidos. Dicho esto, los traficantes saben que esta es una droga de elección, por lo que la venden en línea y la entrelazan con Fentanilo con la esperanza de darle a tu hijo un subidón que perseguirá para siempre. Hasta que les mate.[89]

Como si el problema de la uberización de las drogas no fuera ya un problema enorme, añádase a esto la absoluta falta

---

88   https://oudecho.iu.edu/resources/downloads/ECHO%20 presenation-%20 Current%20Drug%20Trends.pdf
89   https://oudecho.iu.edu/resources/downloads/ECHO%20 presenation-%20Current%20Drug%20Trends.pdf

de control que tenemos sobre los gigantes tecnológicos de las redes sociales. La sección 230[90] de la Ley de Decencia en las Comunicaciones les concede inmunidad, además de que cuentan con poderosos grupos de presión y abogados que garantizan su protección por encima de todo, y de todos. Añádase a esto que cuando han determinado que un comerciante está en su sitio, sí, cierran la página del usuario, pero sabemos que los comerciantes aparecen en una nueva página casi de inmediato. Además, los gigantes de las redes sociales no han compartido históricamente la información de los traficantes con los padres en duelo, ni entregan fácilmente la información del vendedor a las fuerzas de seguridad, bajo el pretexto de que iría en contra del "derecho a la privacidad" del vendedor. Así que, padres e hijos, por favor, tened cuidado. Esta jungla online que todos necesitamos, usamos y de la que nos beneficiamos, también presenta continuamente artículos muy peligrosos que pueden hacer daño a nuestros hijos e incluso matarlos. Los gigantes tecnológicos que han allanado el camino para que estos artículos peligrosos lleguen directamente a nuestras puertas no tienen ningún incentivo económico para protegernos. Hasta que todos les exijamos que lo hagan.[91]

---

90 La Sección 230 se aprobó por primera vez en 1996 y su objetivo era permitir a las empresas de Internet alojar contenidos de terceros y realizar una moderación selectiva de los peores contenidos sin ser tratadas como "editores", a los que generalmente se hace responsables de los contenidos que aparecen en su publicación.

91 Tras la traumática muerte de Sammy Chapman, sus padres, la Dra. Laura Berman y Sam Chapman, empezaron a luchar por los derechos y la

Dado el enorme aumento de estos casos, muchos están instando a los padres a tener Narcan spray nasal en el hogar en todo momento. De venta libre en farmacias de todo el país, una descarga de Narcan en la nariz puede mantener con vida a un niño en caso de intoxicación por fentanilo. Padres, esperemos que nuestros hijos sepan exactamente qué hacer si ven actividad relacionada con las drogas en Internet. Es difícil para ellos y no siempre lo entienden, pero tenemos que seguir hablando con ellos hasta que lo hagan. Sean disruptores orgullosos y ruidosos. Hacerlo puede proteger sus vidas y las de sus amigos.

NO ES SÓLO UN PROBLEMA DE LAS REDES SOCIALES

Resulta que casi todo está disponible en Amazon, incluidos los fármacos psicoactivos. Lo creas o no, muchos chavales orientados a sus objetivos están tomando a propósito y estratégicamente estas drogas tan peligrosas como el LSD, el MDMA, los psicodélicos y las setas de psilocibina porque creen que así mejorarán su inteligencia o se conectarán con entidades espirituales extradimensionales. Los niños están intrigados por el uso de estas drogas introducidas en la corriente principal por figuras públicas y modelos de conducta como Graham Hancock, Joe Rogan y Paul

---

protección de los niños, presionando para que gigantes de las redes sociales como Snapchat y otros permitieran en sus plataformas software de control parental como BARK.us. Snapchat no ha permitido ningún software de control parental. Si quieres unirte al movimiento para cambiar esta situación, firma la petición #LetParentsProtect en change.org.

Stamets, que hablan a menudo de sus propias experiencias psicodélicas personales.

Padres, cuidado, nuestros hijos creen que estas drogas son seguras porque proceden de plantas y son "cosechadas y utilizadas de la misma forma que durante siglos". El problema es que las están comprando a traficantes o con un simple "clic y añadir al carrito" de Amazon y no hay verificación de lo que contienen. Además de la preocupación de que el fentanilo se cuele en casi todo, algunos niños sufren el trastorno de percepción persistente por alucinógenos (HPPD), por el que la experiencia psicodélica produce alucinaciones visuales persistentes o alteraciones permanentes de la personalidad. Por favor, habla con tus hijos sobre estos temas y comprueba SIEMPRE los cargos en tu cuenta de Amazon.

CIBERACOSO

Antes he mencionado el ciberacoso, pero el tema es tan importante que debemos profundizar un poco más. Evidentemente, se trata de un tema muy preocupante, y para profundizar en él debemos analizar el ciberacoso, sus efectos, el acosador, la víctima y las posibles respuestas.

El acoso es un comportamiento repetido, no deseado y agresivo que implica un desequilibrio de poder real o percibido, ya sea en persona o en línea. Históricamente, el acoso consistía en atacar a una persona por motivos de raza, identidad de género, orientación sexual, religión, discapacidad o imagen corporal. Hoy en día, el acoso es un deporte; es algo que los niños hacen para pasar el rato. Eligen a su objetivo por capricho y puede ser un antiguo amigo o un interés romántico. Puede ser alguien conocido o elegido por el impulso de otros que también acosan. Es temerario. Es implacable. Y es extremadamente catastrófico para el objetivo.

El ciberacoso es acoso digital. Se lleva a cabo utilizando teléfonos, ordenadores, tabletas, consolas de videojuegos y otras herramientas como mensajes de texto, fotos, redes sociales, salas de chat, plataformas de juegos en línea, etc. para atacar, acechar, burlarse, copiar y acosar repetidamente a otros. Muchos creen que el ciberacoso es peor que el bullying porque es implacable y sigue al niño hasta su casa. Es más difícil de detectar para los padres y a menudo deja al niño solo, vulnerable, expuesto e inseguro sobre cómo responder.

EL CIBERACOSO EN CIFRAS

- Alrededor del 88% de los adolescentes que utilizan las redes sociales han sido testigos de la maldad o crueldad de otras personas en las redes sociales.

- Aproximadamente el 34% de los estudiantes afirman haber sufrido ciberacoso.[92]

- El 73% de los estudiantes cree que ha sufrido acoso en algún momento de su vida, y el 44% afirma que le ha ocurrido en los últimos 30 días.[93]

---

92   https://www.ofsms.org/resources/
93   https://www.broadbandsearch.net/blog/cyber-bullying-statistics

- El 60% de los adolescentes ha sufrido algún tipo de ciberacoso.[94]

- El 70% de los adolescentes ha denunciado que alguien ha difundido rumores sobre ellos en Internet.[95]

- El 95% de los adolescentes está conectado a Internet y el 85% utiliza las redes sociales.[96]

- El 59% de los adolescentes estadounidenses ha sufrido ciberacoso o acoso en línea. El 90% dice que cree que este acoso es un problema que afecta a otras personas de su edad. El 63% dice que es un problema importante.[97]

¿Por qué se sufre ciberacoso?[98]

- 61% por la apariencia

- 25% por logros académicos/inteligencia

- 17% por raza

- 15% por la sexualidad

- 15% por situación económica

---

94   https://www.pewresearch.org/internet/2018/09/27/a-majority-of-teens-have- experienced-some-form-of-cyberbullying/
95   https://www.sciencedaily.com/releases/2017/02/170221102036.htm
96   https://www.pewresearch.org/internet/2018/09/27/a-majority-of-teens-have- experienced-some-form-of-cyberbullying/
97   https://www.pewresearch.org/internet/2018/09/27/a-majority-of-teens-have- experienced-some-form-of-cyberbullying/
98   https://www.broadbandsearch.net/blog/cyber-bullying-statistics

- 11% por religión

- 20% por otros motivos

Los niños que sufren ciberacoso sufren de verdad:

- Afecta a sus relaciones con los demás.

- El 14% afirma que afecta negativamente a su relación con amigos y familiares.[99]

Les afecta emocional y físicamente:

- Los alumnos acosados tienen el doble de probabilidades que los demás de sufrir dolores de cabeza y de estómago.[100]

Les afecta en la escuela:

- El 64% afirma que les afecta a la hora de aprender en la escuela y de sentirse seguros en ella.[101]

- Sabemos que los niños que sufren ciberacoso tienen más probabilidades de tener problemas de adaptación en la escuela.

---

99   https://nces.ed.gov/pubs2017/2017064.pdf
100   https://pediatrics.aappublications.org/content/132/4/720?sso=1&sso _redirect_count=1&nfstatus=401&nftoken=00000000-0000-0000 -0000-000000000000&nfstatusdescription=ERROR%3A+No +local+token
101   https://cyberbullying.org/new-national-bullying-cyberbullying-data

AUTOLESIONES POR CIBERACOSO

Las ramificaciones emocionales y físicas del ciberacoso también provocan problemas de salud mental y de comportamiento.[102] El 19% de los alumnos acosados afirman que el acoso afecta negativamente a cómo se sienten consigo mismos.[103] ¿Cómo puedes saber si tu hijo está siendo víctima de ciberacoso?

He aquí algunos signos reveladores:

- Tímido y retraído

- Mal humor, agitación, ansiedad o estrés.

- Más agresivo con los demás

- Protesta al salir o ir al colegio

- Ocultan sus teléfonos o aparatos

- Irritables cuando miran sus teléfonos o aparatos

- Faltan a clase

- Dejan de utilizar sus dispositivos, lo que va acompañado de un cambio de comportamiento.

- Bajan su rendimiento académico

- Intentan autolesionarse o amenazan con suicidarse

- Tiene un nuevo grupo de amigos

---

102 https://www.cdc.gov/violenceprevention/pdf/bullying-factsheet508.pdf
103 https://nces.ed.gov/pubs2017/2017064.pdf

¿CÓMO SABER SI TU HIJO ES EL CIBERACOSADOR?

Aunque sea difícil de admitir para cualquier padre, sorprendentemente, cualquiera de nuestros hijos puede ser el acosador. No porque esté innato en ellos, pero recuerda que los niños se ven influenciados durante esta etapa a hacer cosas que normalmente no harían. Lo mejor es adelantarse a ello. Echa un vistazo a su comportamiento online y offline.

Ellos:

- ¿Dejan de usar el teléfono o su aparato cuando alguien se les acerca?

- ¿Parecen más reservados de lo normal?

- ¿No salen ni hablan con sus amigos normales o más íntimos? ¿Tienen más conversaciones en secreto?

- ¿Pasa más tiempo del normal con sus dispositivos?

- ¿Parecen nerviosos o nerviosas cuando están con sus dispositivos?

Y nota al margen: es importante añadir que los adultos también pueden ser los acosadores. He visto a demasiados padres meterse con otros alumnos que simplemente no les gustan.

ESTRATEGIA DE SALIDA DEL CIBERACOSO

En 2021, el 81% de los niños creía que era más fácil salirse con la suya en Internet porque casi el 90% de los niños que ven ciberacoso lo ignoran.[104],[105] Es una realidad espeluznante y unas estadísticas que dan que pensar. A medida que avancemos en este libro, les pediré a menudo que pregunten a sus hijos qué tipo de persona serán cuando se enfrenten a estas difíciles situaciones en línea. Una vez más, estamos pasando de un millón de ideas y conceptos intangibles a una forma de pensar en línea muy estratégica que abarca grandes áreas de contenido, haciéndoles crear un plan con antelación. En lo que respecta al ciberacoso, ¿quiénes serán? ¿Serán un participante, un facilitador, un espectador o un perturbador?

Creo que estamos de acuerdo en decir, desafiémosles a todos a ser disruptores. Por favor. ¿Cómo pueden ser perturbadores? Activamente, pidiendo al acosador que se detenga. Pasivamente, compartiendo comentarios buenos y positivos sobre la víctima, apoyándola y echándole una mano para ayudarla en un momento difícil. Pueden interrumpir activamente el acoso denunciándolo a las plataformas de las redes sociales, a los profesores u orientadores de los centros escolares, e incluso a las fuerzas de seguridad cuando sea necesario. Para empezar, cada aplicación de las redes sociales tiene una forma de denunciar el acoso y la incitación al odio. Este es un buen primer paso para hacer frente a los contenidos nocivos en línea. Cuando se

---

104   https://www.cox.com/wcm/en/aboutus/datasheet/takecharge/2009-teen-survey.pdf?campcode=takecharge-research-link_2009-teen-survey_0511

105   https://www.pewresearch.org/internet/Reports/2011/Teens-and-social-media.aspx

denuncia una publicación o a un usuario, la plataforma puede eliminar la publicación o el comentario, o suspender o eliminar la cuenta, dependiendo de la situación. Si deciden no eliminar la publicación o el usuario, es fundamental que bloquees a la persona para que no vuelva a ponerse en contacto contigo. Cuando denuncias a un usuario o una cuenta, la denuncia es anónima, por lo que la persona denunciada no sabrá quién la ha denunciado. Dependiendo de la plataforma, es posible que se le avise de que su perfil ha sido denunciado. Dependiendo del tipo de denuncia, las redes sociales pueden pedirte información adicional. Por ejemplo, si otra cuenta se hace pasar por ti, es posible que te pidan que escanees algún dato identificativo para confirmar tu identidad.

Para denunciar contenidos en Facebook

- Ve al perfil que deseas denunciar.

- En la parte inferior derecha de su foto de portada, haz clic en el icono "..." y selecciona Denunciar.

- A partir de ahí, sigue las instrucciones que aparecen en pantalla.

Para denunciar contenido en Instagram:

- Pulsa el nombre de usuario de la persona para abrir su perfil.

• Toca el icono "…" que aparece en la esquina superior derecha de la pantalla junto a su nombre.

• En el menú desplegable, toca "Denunciar".

• Selecciona el motivo por el que estás denunciando esta cuenta y continúa con las instrucciones que aparecen en pantalla.

Para denunciar contenido en Snapchat:

• Selecciona el icono de Snapchat en la parte superior de la pantalla.

• Selecciona el icono del engranaje dentado.

• Desplázate hasta "Más información" y selecciona Asistencia.

• En la barra de búsqueda, escribe "Denunciar".

• En la lista desplegable, selecciona "Informar de un problema de seguridad o abuso".

• En "¿En qué podemos ayudarle?", seleccione "Tengo un problema de seguridad".

• Elige el tipo de asunto que deseas denunciar.

Para denunciar contenidos en Twitter

• Ve al perfil del usuario que deseas denunciar.

• Selecciona el icono del engranaje dentado.

- Selecciona "Denunciar" y, a continuación, elige el tipo de problema que deseas denunciar.

- Puedes proporcionar a Twitter más información sobre el problema que estás denunciando seleccionando "Están siendo abusivos o dañinos".

- Twitter te proporcionará más recomendaciones una vez que hayas enviado tu informe.

Ahora bien, si tu hijo es víctima de abusos, necesita poder compartir lo que está ocurriendo con uno de sus padres o con un adulto de confianza. Como familia, mantén un registro de todos los correos electrónicos, mensajes de texto, comentarios, publicaciones, memes y demás. Comunícalo a la escuela, así como a la plataforma, y a las fuerzas de seguridad locales si es necesario. Elabora un plan con la escuela -exígelo- que incluya las medidas reales que la escuela tomará para proteger a tu hijo en la escuela, durante todas las actividades relacionadas con la escuela, caminando por los pasillos y en el autobús. Además, póngase en contacto con un consejero. Tenemos que dar a las víctimas del ciberacoso las herramientas para salir del peso abrumador del abuso y superarlo.

A los padres: También es importante ponerse al día sobre las leyes locales relativas a las víctimas del ciberacoso. En Texas, Maurine Molak cambió las leyes después de que su precioso hijo David se quitara la vida debido a un acoso implacable. Gracias al legado de David, los padres tienen ahora muchas más opciones a la hora de proteger a sus hijos en la escuela de los ciberacosadores.[106]

RECURSOS:

Para hablar con alguien ahora

- Llama al 1-800-273-8255 (TALK)

Para hispanohablantes:

- Llama al 1-888-628-9454

Para personas sordas o con problemas de audición:

- Llama al 1-800-799-4889

---

106   https://www.davidslegacy.org

Amenazas internas

Casi el 40% de los jóvenes afirma que las redes sociales tienen un impacto negativo en su autoestima.

El otro 60% simplemente no es consciente de ello.

Ya hemos hablado de las principales amenazas o fuerzas externas que influyen en nuestros hijos cuando están en Internet. Ahora, veamos qué puede estar gestándose *dentro* de ellos debido al tiempo que pasan en el mundo online, cosas de las que puede que ni siquiera sean conscientes. Esta área, aunque tan vasta e imprecisa, se organizará en este capítulo para que puedas crear estrategias y planes para adelantarte a estos bombardeos internos. A medida que repasamos las áreas en las que nuestros hijos luchan internamente, nuestra estrategia de salida tiene tres vertientes.

Queremos que cada preadolescente/adolescente (1) *Reconozca* el problema **(2)** Se enfrente a él de forma *intencionada* y *decidida*, lo que incluye conversaciones con usted, sus padres o cuidador y/o un terapeuta si es necesario. Pero hay un paso más: **(3)** Familias, después de haber revisado estas amenazas internas, quiero que saquen las que están en la lista (o tal vez a través de conversaciones hayan descubierto algunas que no están en la lista), y decidan cuáles son las áreas de preocupación para ustedes y sus hijos. Quiero que *saques* un calendario y hagas revisiones regulares y programadas centradas en esos temas específicos. Y, por favor, cíñete a esas revisiones. No hay que esconder las cosas debajo de la alfombra. Si queremos disfrutar del mundo online, debemos protegernos enérgicamente del daño interno que puede crear. Y es fácil reconocer el daño. Casi el 40% de los jóvenes afirman que las redes sociales tienen un impacto negativo en cómo se sienten consigo mismos.[107] Me atrevería a decir que el 60% restante no es consciente de ello.

EL BUCLE DE RECOMPENSA DE LA DOPAMINA

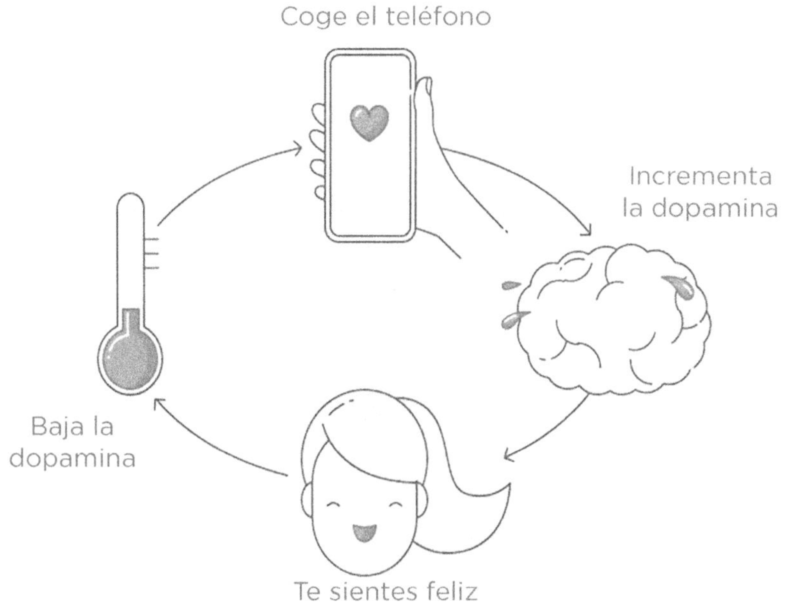

---

107 https://www.outbacktreatment.com/the-dangers-of-social-media-for-teens/

Ejercicio 11:
Discutir las amenazas internas

Padres, revisen ustedes mismos la siguiente lista de amenazas internas. Después, vuelvan y discutan cada una de ellas con sus hijos. Pregúnteles si han tenido dificultades en alguna de estas áreas.

LA PLAGA DE LAS COMPARACIONES

Cuando las mentes jóvenes en desarrollo pasan tanto tiempo obsesionadas y centradas en la vida "perfecta" de Instagram de sus compañeros, es fácil ver que le siguen los complejos. Soy adulta y siento los efectos de esta presión a menudo. Sigo a otras madres cuyos feeds indican que "lo tienen todo junto" a pesar de ser madres trabajadoras como yo. Veo a mujeres de mi edad en cuyas redes sociales aparecen haciendo ejercicio o tomando el sol de una forma que yo ni siquiera haría en casa. Me hace sentir "menos que", y yo me dedico a esto. Conozco las trampas. Sé que todo y cualquier cosa puede ser, y es, manipulado a través de aplicaciones y filtros. Pero, por desgracia, los efectos están ahí, y los sentimientos se disparan. Incluso las publicaciones benignas pueden desencadenar involuntariamente un falso sentido de la realidad.

Una vez, nuestra familia acababa de regresar de un viaje por Europa. Mi hija del medio hizo fotos -las fotos más bonitas, debo añadir- de nuestro paso por Francia y los

Países Bajos. Las compartía regularmente en mis historias de Instagram mientras viajábamos. Volvíamos con amigos que decían,

"¡Qué viaje tan maravilloso acaban de hacer! ¡Qué fotos! ¡Los lugares! Qué afortunados son", y en mi mente pensaba: *"Claro que tuvimos suerte de viajar, pero lo que las fotos no mostraban eran dos vuelos cancelados por problemas de mantenimiento del avión; tener que cambiar de coche tres veces tras sufrir un accidente y un problema con un neumático; ser estafados por 300 dólares cerca de la Torre Eiffel; separarme de mis hijos en Ámsterdam en nuestra última noche allí; ser parados por un policía francés muy agresivo cerca de Notre Dame; y mucho más".*

En realidad fue un viaje bastante estresante, pero las fotos muestran lo contrario. Lo que quiero decir es algo que todos sabemos ya: el mundo online está cuidadosamente comisariado. Incluso los momentos más crudos se comparten a menudo con la intención y el deseo de tener un impacto emocional y aumentar el número de seguidores. Como usuarios lo sabemos, pero como consumidores lo olvidamos.

Esta es la verdad: el mundo online permite a los usuarios distorsionar las apariencias y la realidad. Esto crea profundos conflictos personales, ya que nos encontramos constantemente con que no estamos a la altura de lo que percibimos que tienen los demás. Se nos prepara continuamente para juzgarnos a nosotros mismos en función de las fotos irreales, filtradas y las historias fabricadas de los demás. Hacer esto a cualquier edad es contraproducente, pero para un preadolescente o un adolescente que atraviesa cambios físicos, psicológicos y de desarrollo, es extraordinariamente perjudicial y crea una "realidad" especialmente difícil de navegar.

Mi generación creció con revistas que ofrecían unas pocas fotos fijas, aunque alteradas, de modelos. Mirábamos la revista, soñábamos con parecernos a esas mujeres y la tirábamos a un lado para volver a nuestra realidad. Hoy en día, un adulto joven se mide constantemente con una afluencia segundo a segundo de contenidos curados que le bombardean a través de imágenes vivas, vídeos y contenidos. Y aunque todos sabemos que las aplicaciones ofrecen a los usuarios la posibilidad de aerografiar, quitar centímetros, eliminar granos y puntas encrespadas, añadir blanqueamiento dental y los filtros más perfectos, seguimos procesando inmediatamente las fotos de una manera comparativa en la que salimos perdiendo nueve de cada diez veces.

A esto hay que añadir que nuestros hijos en edad de primaria y secundaria están atravesando la pubertad y trabajando para establecer sus identidades, todo ello a merced de un cerebro que aún no se ha desarrollado, mientras se examinan constantemente a sí mismos a la luz de las realidades online distorsionadas de los demás. No es de extrañar que el uso de Internet tenga efectos muy reales en nuestros hijos. Incluso los iconos más exitosos de TikTok, con los que la mayoría de los niños se comparan, tienen que lidiar con esto. Addison Rae reveló recientemente que tener 70 millones de seguidores en TikTok le ha pasado factura mental por su hiperfijación en la imagen corporal. En su entrevista, admitió tener el hábito de compararse con los demás, al tiempo que reconocía que muchos hacen lo mismo con ella. Solía preguntarme: *"¿Por qué mi cuerpo no es así? ¿O por qué mi pelo no es así? ¿O por qué mi cara es así?* A veces me miraba a mí misma y me criticaba sin motivo. Hoy en día hay tantas cosas en el mundo que añadir la autoestima es muy duro. Si no puedes amar mental, emocional o físicamente lo que eres, es muy difícil incluso ser feliz. Sé que no he comido bien durante la cuarentena, que no he hecho tanto ejercicio y que he visto mucha televisión, pero tenemos que darnos la gracia", afirma. "Hay una cita que me encanta: 'La comparación es el ladrón de la alegría'. Eso es muy cierto, porque cuando empiezas a compararte con alguien, sólo estás pidiendo que te disgusten, porque te estás comparando con algo que nunca serás, porque tú sólo eres tú".[108]

Addison Rae lo dijo mejor que nadie, pero más allá de lo que dijo, es lo que hizo: reconoció los problemas y se propuso superar las complicaciones internas. No es algo que se haga de una vez: requiere un trabajo continuo. Sin embargo, una vez que reconoces el problema, es menos probable que te atormente. Así que, padres y cuidadores, tengamos estas conversaciones con nuestros hijos a menudo.

---

108   https://www.yahoo.com/lifestyle/addison-rae-mental-health-body-image- tiktok-201448269.html

DISMORFIA DE SNAPCHAT

Sí, has leído bien, y existe. Hoy en día, los niños quieren tan desesperadamente un cierto aspecto que les haga encajar que algunos niños se están haciendo la cirugía plástica para parecerse a las personas que están siguiendo. Otros se someten a cirugía plástica para parecerse a ellos cuando se toman selfies con filtro. Esto es chocante. A algunos chicos les gusta tanto su aspecto a través de un filtro de Snapchat o Instagram que llevan esas fotos a cirujanos plásticos y están dispuestos a someterse a una cirugía mayor para conseguir ese aspecto de foto filtrada. Y por filtro no hablamos de alisar la piel, sino de cambiar físicamente las estructuras faciales.

La "dismorfia de Snapchat" se está convirtiendo en una enfermedad mental, clasificada en el espectro obsesivo-compulsivo, aunque se está volviendo sorprendentemente común en los millennials y afecta a una de cada 50 personas y sigue creciendo.[109] Estas fotos filtradas tienen un impacto aún mayor en los jóvenes con trastornos dismórficos corporales porque estos individuos pueden interiorizar más severamente la capacidad de lograr una belleza perfecta. Los cirujanos plásticos están viendo un aumento de pacientes que quieren operarse para salir mejor en los "selfies". Lamentablemente, un número cada vez mayor de esos pacientes son menores de 30 años. ¿Quién habría imaginado que la tecnología de edición de fotos daría lugar a una nueva enfermedad mental?

---

109   https://www.independent.co.uk/life-style/plastic-surgery-cosmetic-snapchat- teenagers-millennials-dysmorphia-bdd-a8474881.html

Pero tenemos una estrategia de salida. Reconozca que existe este deseo y hable de ello con sus hijos. Anímales a buscar ayuda de forma intencionada y decidida cuando empiecen a tener pensamientos sobre seguir este camino. Es importante detectarlo pronto. Si tu hijo descubre que se gusta más con filtros, o que sólo publica si hay un filtro presente, ten cuidado.

LA PSICOLOGÍA DE LOS "LIKES" (ME GUSTA)

Más allá de la cuestión de la comparación y las apariencias físicas, también debemos tener en cuenta los efectos perjudiciales que el número de "me gusta" puede tener en las mentes jóvenes. Pensemos en este comentario del presidente fundador de Facebook, Sean Parker:

Cuando se estaba desarrollando Facebook, el objetivo era: ¿Cómo consumimos la mayor parte posible de su tiempo y aten-ción consciente? Fue esta mentalidad la que llevó a la creación de funciones como el botón "Me gusta", que daba a los usuarios un pequeño golpe de dopamina para animarles a subir más conte-nido. Es un bucle de retroalimentación de validación social que explota una vulnerabilidad de la psicología humana[110].

También hay que tener en cuenta lo siguiente: En una conversación normal cara a cara o por teléfono, una persona puede hablar de sí misma entre un 30 y un 40% del tiempo.

---

110 https://www.outbacktreatment.com/the-dangers-of-social-media-for-teens/

En las redes sociales, casi todas las publicaciones están centradas en uno mismo o se refieren al autor de una forma u otra. De hecho, en Internet, la gente habla de sí misma más del 80% del tiempo. Teniendo esto en cuenta, cuando uno publica algo sobre sí mismo y recibe una notificación de un "me gusta" o un "compartir", el cerebro lo registra como un éxito. Este comportamiento egocéntrico se refuerza constantemente. Y sabemos que esto es una realidad. ¿Cuántos de nosotros publicamos y medimos el éxito de la publicación en función del número de "me gusta"? Y seamos sinceros, no medimos simplemente el éxito del post por el número de likes, sino que lo tomamos como una medida interna de cuánto gustamos y cuánto éxito tenemos. Y entonces nos vemos obligados a perseguir el ciclo. *¿Qué puedo publicar a continuación para mantener el impulso? ¿Para conseguir más likes?* El 40% de los niños eliminan la configuración de privacidad para atraer a más amigos o seguidores y, por tanto, más "me gusta".[111] Recordemos lo que dijimos en el capítulo 2: los niños buscan recompensas sin tener en cuenta las consecuencias. Este resultado de causa y efecto va más allá del cerebro en desarrollo de un niño. Nos afecta a todos, así que debemos comprender el poder y el atractivo de los "me gusta". Las consecuencias científicas en este caso son tan indiscutibles que, durante un tiempo, Instagram decidió ocultar los "me gusta", haciendo que los recuentos de "me

---

111   https://childsafety.losangelescriminallawyer.pro/children-and-grooming-online- predators.html

gusta" fueran privados.[112] Aunque algunos aplaudieron a Instagram por una medida que haría más saludable la plataforma, los socios comerciales sabían que la medida afectaría al potencial de generación de ingresos del sitio, por lo que no se llevó a cabo.

Entonces, ¿qué pasa por la cabeza de cada uno con cada like? Cuando publicamos algo y recibimos una respuesta positiva, el centro de recompensa del cerebro libera un poco de dopamina, también conocida como la sustancia química del bienestar vinculada a actividades placenteras como la comida, la interacción social positiva y la actividad sexual. Los ingenieros y diseñadores de las plataformas de redes sociales las crearon así a propósito, siguiendo la estrategia de los fabricantes de máquinas tragaperras y técnicas para que los usuarios volvieran. Todo se hizo intencionadamente para aprovechar los patrones adictivos del cerebro. Los diseñadores de la aplicación sabían que cuando los resultados son impredecibles, el usuario sigue volviendo hasta que acierta o consigue el resultado deseado, ya sea ganar en la tragaperras o recibir un like de un usuario. Es ese impulso de crear, publicar y esperar reacciones que nunca está garantizado, pero que sienta tan bien una vez conseguido que hace que los usuarios sigan conectados y vuelvan a por más. Cuando no conseguimos constantemente esas "victorias" y "me gusta", nuestra

---

112   https://www.cbsnews.com/news/instagram-decision-to-make-likes-private- getting-dislikes/

salud mental y nuestro bienestar se resiente. Para solucionarlo, intentamos publicar más; nos obsesionamos con lo que podemos hacer de forma diferente y cómo podemos participar más y atraer elogios a nuestras páginas personales. El resultado es una victoria para las redes sociales, pero una pérdida para nuestros hijos.

Así que ten tu estrategia de salida. Ayuda a tu hijo a reconocer que la mayoría de las aplicaciones están creadas de esta manera y anímale a no dejarse arrastrar al perjudicial ciclo de "perseguir likes". Además, habla con ellos a menudo sobre este tema. Pregúntales cómo les hacen sentir sus publicaciones. Pregúntales cómo son la participación y las respuestas y cómo les afectan. ¿Qué aspectos de sus sentimientos son saludables y cuáles no?

FOMO

Añade a todo esto la realidad de que los niños deben navegar por el FOMO o "miedo a perderse algo". Por un lado, no podemos evitar que se conecten cuando todo su mundo está conectado para hacerlo. Por otro lado, al ver a otros interactuar, pueden sentir un profundo deseo de participar y no perderse nada. Esta es una realidad y debemos entender que existe para nuestros hijos. Como estrategia de salida, nuestros preadolescentes y adolescentes deben reconocer este deseo y este temor y gestionar las consecuencias adecuadamente.

FAME

En nuestra primera herramienta, preguntamos a nuestros hijos por qué estaban realmente en Internet y cuál era realmente su marca. Al hacerlo, algunos de nosotros aprendimos mucho sobre nuestros hijos haciéndonos preguntas que nunca antes nos habíamos planteado. Si tu hijo quiere utilizar el mundo online para hacerse famoso o popular, mi único objetivo es que lo haga con los padres en la misma página y con una estrategia sólida para mantenerlo a salvo.

En una encuesta de 2019 se preguntó a 3.000 niños de entre 8 y 12 años qué querían ser de mayores. Se les dio a elegir entre cinco profesiones: astronauta, músico, atleta profesional, profesor o vlogger/YouTuber. La primera opción entre los niños de EE.UU. y el Reino Unido fue vlogger/YouTuber. Curiosamente, la profesión más elegida por los niños chinos fue la de astronauta[113].

Además de dar una idea del impacto que el mundo en línea ha tenido en los niños de EE.UU., tenemos que llevar esta conversación al siguiente nivel. El mercado está respondiendo a esto y sacando provecho de ello. En cualquier fin de semana de Estados Unidos se organizan conferencias para enseñar a padres e hijos a publicar vídeos en línea y a conocer los entresijos de YouTube. Antes de Covid,

---

113 https://www.businessinsider.com/american-kids-youtube-star-astronauts- survey-2019-7

¿Qué quieres ser de mayor?

Depende de dónde seas.

Astronauta es una respuesta popular a "¿Qué quieres ser de mayor?" en China, pero menos en Estados Unidos y Reino Unido.

Vlogger/YouTuber es la respuesta más popular en EE.UU. y el Reino Unido: casi tres veces más que astronauta.

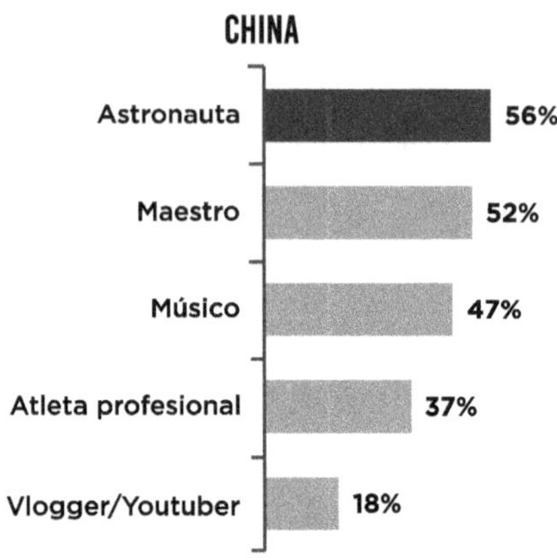

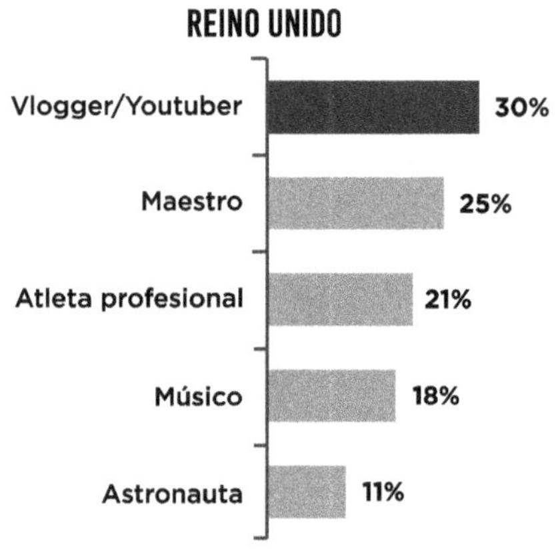

75.000 adolescentes pasaban tres días en la conferencia VidCon solo para escuchar a sus YouTubers favoritos dar consejos sobre el éxito.

Hay dos grandes problemas que atraen a los niños a la "fama" del mundo online. En primer lugar, los niños están programados para querer elogios y atención. Somos adictos a la retroalimentación positiva y la necesitamos, especialmente durante esos años de desarrollo inestable. Pero el segundo problema es el siguiente: los niños, incluso los preadolescentes, saben que cuantos más "me gusta", "seguidores", "vistas" y "compartidos" consigan, más posibilidades tendrán de ganar dinero. Es literalmente increíble. Para ti y para mí, cuando éramos pequeños, había poder en la "celebridad", pero para convertirte en una celebridad tenías que tener un talento y una belleza enormes, estudiar, hacer audiciones y, al final, ser "descubierto" y trasladarte a Hollywood. Hoy en día, hay poder en los influencers, y los influencers se pueden hacer sentados en casa, e incluso simplemente bailando online con su ropa de yoga favorita. Parece alcanzable. Estos influencers están empezando a dominar el mercado. De hecho, nuestros hijos recurren a los influencers cuando se trata de consejos sobre productos, marcas, tendencias, y para escuchar lo que piensan sobre los temas más acuciantes de la vida y los acontecimientos actuales. Los influencers de la Generación Z (también llamados Zoomers... ¿lo sabías?) y algunos millennials son casi considerados semidioses, y casi el 90% de los Zoomers afirman que quieren convertirse en influencers y publicar contenidos a cambio de dinero[114].

Se trata, pues, de un hallazgo importante. Aunque tu hijo te haya dicho desde el principio que no está en Internet para hacerse famoso, sabemos que un abrumador 90% de los jóvenes quieren convertirse en personas influyentes y publicar contenidos a cambio de dinero. Es una diferencia muy sutil, pero existe. Existe la fama y luego la popularidad en Internet, y esta última puede existir incluso en el corazón de los chicos que no mencionaron la fama como respuesta en nuestro ejercicio anterior (pero por eso desde el principio les di dos opciones: ser "famosos" o "ser vistos", es decir, populares). A esos niños les siguen importando los "me gusta", los seguidores, las visitas y la capacidad de ser tendencia e influyente, y es algo a lo que los preadolescentes y los adolescentes dan mucha importancia. Lo he visto incluso en conversaciones con niños en edad de primaria tardía que dicen, "¡Ben es increíble! Ha publicado un vídeo que tiene 10.000 visitas" o "Me encanta esta YouTuber, tiene 5 millones de suscriptores". Así es así es como los jóvenes de hoy reconocen el valor (tristemente).

El mundo financiero está construyendo su futuro en torno a este nuevo fenómeno. Informes recientes muestran que el poder adquisitivo de los adolescentes ronda los 44.000

---

114 https://morningconsult.com/influencer-report-engaging-gen-z-and-millennials/

millones de dólares anuales.[115] El adolescente de hoy no necesita dinero en efectivo en la mano ni tu tarjeta de crédito en la cartera. En su lugar, tienen tu tarjeta guardada en su monedero digital, "añaden al carrito" y realizan la compra. Es importante que hables con tus hijos sobre tus normas para gastar en Internet, algo que, con suerte, ya hiciste cuando desarrollaste las normas para las compras dentro de las aplicaciones y el gasto en Internet.

Debido a su poder adquisitivo, también es importante que los niños entiendan el marketing engañoso y los correos electrónicos fraudulentos. Los adultos pueden ser capaces de ver a través de correos electrónicos de phishing y tácticas de marketing engañosas, pero nuestros vulnerables hijos pueden no serlo. Dependiendo de tus normas familiares, puedes exigir a tus hijos que pidan permiso antes de hacer clic en cualquier formulario de compra o de facilitar sus datos personales. Dales una lista de sitios aprobados que puedan consultar e incluso "añadir artículos al carrito" para que tú apruebes la compra. Y, por último, considera la posibilidad de desactivar el GPS de sus teléfonos para evitar que reciban publicidad dirigida a través de mensajes de texto y de mensajería. El seguimiento por GPS, si está activado, puede hacer que reciban anuncios dirigidos que quizá no quieras que reciban.

Más allá del verdadero deseo de los niños de hacerse famosos, influyentes, vistos o populares -y ya sea porque

---

115 https://mediakix.com/blog/marketing-to-teens-gen-z-influencers/.

buscan realizarse o porque buscan ganancias económicas-, debemos echar un vistazo al lado negativo de todo esto. Para ser famosos y estar de moda, los niños pueden verse empujados a hacer cosas que realmente no les convienen. El objetivo de todo esto es realmente poner sobre aviso a los padres. Has hablado con tu hijo, has escuchado sus deseos y, si están de acuerdo, están trabajando juntos en un plan seguro (que realmente les guíe por el buen camino) para construir lo que están tratando de construir, con un pensamiento estratégico cuidadoso.

Para los chicos que desean aumentar sus seguidores para vender contenidos, es importante tener una idea de la jerga que se utiliza en torno al tema y los posibles ingresos.[116]

- Los anano-influencer (que suelen tener menos de 10.000 seguidores) empiezan a tener más oportunidades y pueden ganar unos cientos por publicación.

- Un microinfluencer (con menos de 50.000 seguidores en Instagram) puede ganar casi 500 dólares por un post patrocinado.

- Tras alcanzar los 50.000 seguidores en Instagram, por ejemplo, un influencer puede ganar 1.026 dólares de media por una publicación.

- Con 250.000 seguidores, las ganancias aumentan a casi 4.000 dólares por publicación.

---

116   https://www.cnbc.com/make-it/

Sin embargo, todo el mundo debe estar preparado para cuando los likes y/o el dinero *no lleguen a raudales*. Todo el mundo tiene que estar preparado para las críticas que provienen de una comunidad online formada por un gran número de personas que pueden ser buenas o realmente malas. Esto puede ser muy difícil para los niños y para los padres. Entonces, ¿cuál es la estrategia de salida? Saber que todo esto tiene un precio y esbozar cuáles son esas cosas:

1. ¿Cuál es la estrategia de tu hijo para conseguir seguidores?

2. ¿Qué permitirás o no que haga tu hijo?

3. ¿Cómo encontrarán valor ambos? ¿Puede tu hijo ver esto como un proyecto separado de lo que es como persona, o esto le define hasta la médula? Por cierto, espero que no.

4. Cuando empieza a afectarte a ti o a tu hijo, ¿cuáles son las normas? ¿Tienen todos permiso para ser siempre sinceros y compartir sus preocupaciones? ¿Promete tu hijo hablar con mamá o papá o incluso con un terapeuta en cuanto las cosas empiecen a ponerse difíciles? Si este proceso resulta demasiado pesado o desalentador, ¿está dispuesto a alejarse? Y recuerda...

5. En el mundo actual, lo más cool es, literalmente, luchar por las buenas causas. Anima a tu hijo a

encontrar su buena causa y a entrelazar ese mensaje en todas sus publicaciones. Haz que se unan a una causa, ayúdales a convertirse en embajadores literales o figurados de una marca: una alianza positiva tendrá un impacto positivo.

La clave para la salud y la seguridad aquí es empezar a definir realmente todos estos espacios grises y crear planes de acción para ellos, ¡que es exactamente lo que estamos haciendo juntos en este libro!

DEPRESIÓN

Entre la afluencia de imágenes nocivas, el ciberacoso y esta época ya de por sí complicada en la vida de un adolescente, la aparición de la depresión está aumentando gravemente y coincide con el momento en que las redes sociales ocupan su lugar en el mundo.

El impacto de las redes sociales en preadolescentes y adolescentes quedó perfectamente reflejado en el documental *The Social Dilemma*. En él, el profesor Jonathan Haidt, psicólogo social, explora las impactantes estadísticas en torno a una "generación entera" de niños que han experimentado un "gigantesco aumento de la depresión y la ansiedad" a partir del inicio de las redes sociales, aproximadamente entre 2011 y 2013. Los alumnos de octavo curso que pasan más de 10 horas a la semana en las redes sociales tienen un 56% más de probabilidades de declararse "infelices" que los que pasan menos tiempo en las redes sociales.[117] Con un 13% de jóvenes de 12 a 17 años que declaran depresión y un 32% que declaran ansiedad, las enfermedades mentales son una preocupación enorme.[118] También preocupa a los adultos jóvenes, ya que el 25% de los jóvenes de 18 a 25 años declaran padecer algún tipo de enfermedad mental.[119] La depresión está aumentando entre las chicas, y algunos investigadores sugieren que este aumento está relacionado en parte con el incremento del uso de las redes sociales entre los adolescentes y los adultos jóvenes.[120] Queremos que padres e hijos sean conscientes, conozcan las señales, mantengan conversaciones, busquen ayuda y establezcan controles periódicos.

La depresión es una consecuencia real del mundo online. Padres, quiero que sepan identificar las señales en ustedes mismos y en sus hijos. Preadolescentes y adolescentes, quiero que sean capaces de identificar las señales en ustedes

---

117   https://www.center4research.org/social-media-affects-mental-health/
118   U.S. Department of Health & Human Services. Common Mental Health Disorders in Adolescence. Hhs.gov. https://www.hhs.gov/ash/oah/adolescent-development/mental-health/adolescent-mental-health-basics/common-disorders/index.html. Updated May 2019
119   Instituto Nacional de Salud Mental. Mental Illness. Nimh.nih.gov. https://www. nimh.nih.gov/health/statistics/mental-illness.shtml. Actualizado en febrero de 2019.
120   Twenge JM, Joiner TE, Rogers ML, Martin GN. El aumento de los síntomas depresivos, los resultados relacionados con el suicidio, y las tasas de suicidio entre los adolescentes de EE.UU. después de 2010 y los vínculos con el aumento de tiempo de pantalla de los nuevos medios de comunicación. Ciencia psicológica clínica. 2018; 6(1):3-17.

mismos, ¿y adivinen qué? También quiero saber si lo ven en sus amigos. Preguntémonos: ¿quién les ayuda?

Los signos incluyen:

- Pérdida de apetito

- Aumento del comportamiento arriesgado

- Fatiga, insomnio, falta de concentración

- Pérdida de interés en actividades que solía disfrutar

- Retraimiento social

- Influjo de arrebatos emocionales

- Lenguaje triste

IDEACIÓN SUICIDA Y SUICIDIO BASADO EN LAS REDES SOCIALES

A lo largo de este libro hemos hablado de la cantidad de tiempo que los niños pasan conectados a Internet. Por supuesto, esto varía en cada hogar. También sabemos que cuanto más tiempo pasan los niños en Internet (especialmente en las redes sociales), mayores son las probabilidades de que tengan ideas suicidas. Los adolescentes que utilizaban las redes sociales más de cinco horas al día tenían un 70% más de probabilidades de tener pensamientos o acciones suicidas que los que declaraban utilizarlas una hora al día.[121]

---

121   https://www.ofsms.org/resources/

De ello se deduce que, a medida que aumenta la ideación suicida, también aumentan los incidentes de suicidio. Y de hecho, tristemente, vemos que a medida que más niños de entre 10 y 14 años pasan más tiempo en línea, las tasas de suicidio han aumentado un 150%. En la misma línea, los incidentes de suicidio han aumentado un 70% en las adolescentes de más edad en comparación con los índices anteriores al lanzamiento de las redes sociales.[122]

Padres, esta es una gran área de preocupación. Debemos tener una estrategia de salida en mente, y empieza por saber que las redes sociales y el mundo online, con todos sus empujones y tirones, exposiciones y mezquindades, realmente hacen daño a nuestros hijos. Habla con tus hijos sobre este tema y pregúntales si alguna vez han tenido pensamientos suicidas. Si es así, ¿por qué han tenido estos pensamientos? ¿Alguna vez han empezado a pensar en cómo lo harían? ¿Qué podemos hacer en familia para ayudarles a afrontar esta situación? Si la respuesta es afirmativa a alguna de estas preguntas, busca la orientación de un terapeuta y haz que tu hijo reciba ayuda profesional inmediatamente. Le diré que plante las semillas pronto y a menudo. Aunque estás haciendo mucho trabajo para asegurarte de que tomen las decisiones correctas en Internet, nunca habrá una sola cosa que hagan (en público o en secreto) por la que merezca la pena acabar con sus vidas. Ni una sola cosa. Digámoslo una y otra vez: **Ni. Una. Sola. Cosa.**

---

122   https://www.the-sun.com/news/1487147/social-media-suicides-self-harm-netflix- social-dilemma/

AUTOLESIONES POR LAS REDES SOCIALES

Entre el ciberacoso, las comparaciones, la búsqueda de likes y la presión adictiva de las redes sociales, las niñas se cortan y se hacen daño a un ritmo alarmante. Las autolesiones entre niñas de 10 a 14 años han aumentado un 189%, casi se han triplicado, con tasas alarmantes de niños ingresados en el hospital después de cortarse o autolesionarse de alguna otra forma.[123] En el caso de las niñas de 15 a 19 años, se ha producido un aumento del 62% desde 2009.[124] Tenemos que entender esto y hablar con nuestros hijos sobre por qué algunos preadolescentes o adolescentes deciden hacer esto. A través de las conversaciones, se puede ayudar a formar la capacidad de un niño pequeño para hacer frente a situaciones extremas y encontrar otras soluciones. En mi opinión, a menudo los niños se autolesionan cuando no tienen a nadie con quien hablar, ni forma de expresar sus emociones, ni estrategia para conseguir ayuda. Demos a nuestros hijos todas estas herramientas desde el principio y recordémosles que no hay nada que puedan hacer o publicar que justifique hacerse daño. Hablemos y escuchemos y, cuando sea necesario, busquemos ayuda profesional.

---

123   https://www.the-sun.com/news/1487147/social-media-suicides-self-harm-netflix- social-dilemma/
124   https://etactics.com/blog/social-media-and-mental-health-statistics

ADICCIÓN

Ya hemos hablado de la psicología de los "me gusta" y de la naturaleza adictiva de los entornos en línea. Esto nos afecta a todos. El 81% de los adolescentes de Estados Unidos están en las redes sociales, y casi el 70% de los adultos también.[125] Más allá del afán por conseguir "me gusta", se calcula que hay 210 millones de personas que sufren adicción a las redes sociales y a Internet.[126]

También somos adictos a los smartphones. Aunque todos gritamos a nuestros hijos que dejen el teléfono, es casi imposible que lo hagan. Según un estudio reciente, el 94% de los participantes declararon sentirse preocupados cuando no llevaban el teléfono encima (me identifico literalmente) y el 80% sentían celos cuando otra persona utilizaba su teléfono. De los encuestados, el 70% se preocupaba literalmente y anticipaba sentimientos de depresión e impotencia si perdía su teléfono.[127]

Otro estudio descubrió que el 61% de las personas comprueban sus teléfonos en los primeros cinco minutos después de despertarse[128] y que el 89% de los estudiantes

---

125   https://www.pewresearch.org/fact-tank/2017/01/12/evolution-of-technology/

126   https://www.sciencedirect.com/science/article/abs/pii/S0160791X16301634

127   https://www.lemonade.com/blog/psychology-behind-phone-addiction/

128   https://www.bgr.in/news/61-people-check-their-phones-within-5-minutes-after-waking-up-deloitte-435501/

universitarios experimentan "vibraciones fantasma", lo que significa que desean tanto recibir una notificación que su cuerpo y su mente empiezan a imaginar y sentir algo que ni siquiera está sucediendo.[129]

Padres y cuidadores, si se pararan a pensar en esto ahora mismo, ¿son sus hijos adictos a la tecnología? Si es así, ¿a qué? La adicción a la tecnología no se refiere sólo a los teléfonos, sino a cualquier aparato electrónico que alimente las emociones de tu hijo y le quite tiempo.

Ahora es el momento de establecer pautas claras y desarrollar una estrategia de salida:

- Piénsatelo dos veces antes de dar a tus hijos teléfonos y gadgets.

- Limita su tiempo de pantalla (los expertos recomiendan 3 horas al día como máximo). al día como máximo).

- No dejes que duerman con sus aparatos, que se despierten con ellos o que estén solos en su habitación.

- Considera la posibilidad de establecer momentos semanales "libres de teléfono" o "libres de gadgets" para toda la familia. Puede ser una o dos tardes a la semana, un día entero a la semana o el fin de semana, por ejemplo.

---

129   https://www.sciencedirect.com/science/article/abs/pii/S0747563212000799

Hay muchas otras áreas de adicción que debemos examinar y que son exclusivas de las redes sociales y el mundo online. Estos temas son difíciles de digerir, pero debemos abarcarlos.

PORNOGRAFÍA

La adicción a la pornografía se está convirtiendo en una epidemia entre los jóvenes estadounidenses. Sí, entre todos los jóvenes, chicos y chicas. Según un análisis de 2021 de los sitios web más visitados en todo el mundo, dos de los 10 sitios más visitados eran de naturaleza pornográfica (ocupando los puestos 7º y 9º). Según COVID, los sitios de pornografía recibieron más tráfico web en 2020 que Twitter, Instagram, Netflix, Zoom, Pinterest y LinkedIn, juntos. El acceso a contenido sexual a través de vídeo, imágenes, novelas de fantasía, lenguaje gráfico, anime y mucho más está disponible casi en cualquier lugar que se visite en línea. El contenido es tan gráfico y cambiante que mantiene enganchados a los consumidores, incluso a los más jóvenes. La curiosidad, junto con el efecto físico que produce en los adolescentes y preadolescentes, les hace volver una y otra vez a por más. La exposición temprana varía: casi el 30% de los niños dicen que su primera exposición fue "por accidente". El 19% se vio expuesto inesperadamente cuando otra persona le mostró el contenido, y otro 19% lo buscó, posiblemente por curiosidad, pero de forma intencionada.[130] Otro estudio

---

130　https://www.mdx.ac.uk/__data/assets/pdf_file/0021/223266/MDX-NSPCC-OCC- pornography-report.pdf.

demostró que, aunque el 75% de los padres cree que sus hijos no han estado expuestos a la pornografía, el 53% de los niños de esas mismas familias sí lo han estado.[131] Aproximadamente el 84,4% de los hombres de 14 a 18 años y el 57% de las mujeres de 14 a 18 años han visto pornografía.[132] También sabemos que el 90% de los niños de 8 a 26 años habrán visto pornografía en algún momento mientras estaban en línea.[133]

Los problemas que presenta la pornografía requieren otro libro entero, y aunque hemos tocado este tema a lo largo del libro, voy a dar aquí más datos a grandes rasgos:

- En primer lugar, el contenido suele ser truculento, poco realista y perjudicial para las mentes jóvenes que se están formando una opinión sobre la sexualidad, pero los niños no lo entienden. Una encuesta reciente reveló que más de la mitad de los chicos (53%) y más de un tercio de las chicas (39%) creían que la pornografía era una representación realista del sexo.[134]

- El negocio de la pornografía amplía constantemente los límites, crea más categorías de contenido y recurre a más violencia. Esto afecta a los niños, ya que casi la mitad (46,9%) de los encuestados afirman que su interés por los contenidos pornográficos ha crecido hasta

---

131   https://www.bbfc.co.uk/about-classification/research
132   https://www.tandfonline.com/doi/abs/10.1080/10810730.2021.1887980
133   www.guardchild.com
134   https://www.mdx.ac.uk/__data/assets/pdf_file/0021/223266/MDX-NSPCC-OCC-pornography-report.pdf

disfrutar y buscar contenidos que antes consideraban extremos, desinteresantes o incluso repugnantes.[135] Padres, no sé ustedes, pero yo no quiero criar a niños que piensen así o que quieran este tipo de experiencias sexuales.

- Los niños son explotados en la creación de pornografía. En 2018, se denunciaron 45 millones de imágenes de material de abuso sexual infantil (a menudo llamado "porno infantil"), según el Centro Nacional para Niños Desaparecidos y Explotados. En 2019, esa cifra se disparó a 69,1 millones. Y ya en 2020, la línea de atención cibernética del NCMEC ha experimentado un aumento del 63,31% en las denuncias con respecto al mismo periodo de tiempo de 2019.[136]

- Además, la categoría "porno para adolescentes" ha encabezado las búsquedas de sitios porno durante los últimos siete años o más (Pornhub Analytics), y el "porno infantil" se ha convertido en uno de los negocios en línea de más rápido crecimiento.[137] Las personas que trabajan en el sector sufren abusos con regularidad. Es una vía para exhibir y vender a víctimas de la trata que se convierten en esclavas sexuales. A las mujeres se les promete fama y fortuna y, en cambio, son utilizadas y maltratadas.

---

135   https://uclep.be/wp-content/uploads/pdf/Pub/Wery_CHB_2016.pdf
136   https://www.missingkids.org/blog/2020/covid-19-and-missing-and-exploited-children
137   https://www.iwf.org.uk/resources/trends

- El consumo por parte de adultos jóvenes puede conducir a la adicción a la pornografía, a la adicción sexual y a la disfunción eréctil (en la adolescencia tardía, especialmente en el caso de los chicos), a la necesidad de medicación para alcanzar y mantener una excitación normal (también en la adolescencia tardía, especialmente en el caso de los chicos) y a una comprensión malsana de la expresión sexual, que en el contexto adecuado se daría entre dos adultos que consienten en una relación sana. Todo ello se distorsiona y dificulta la capacidad de tener relaciones íntimas y familias sanas en la edad adulta.

Uso de la pornografía entre los adolescentes Estadísticas[138]

- El 93% de los chicos y el 62% de las chicas están expuestos a la pornografía en Internet antes de los 18 años.

- El 70% de los chicos ha pasado al menos 30 minutos consecutivos viendo pornografía en línea en al menos una ocasión.

- El 35% de los chicos lo ha hecho al menos en diez ocasiones.

- El 83% de los chicos ha visto sexo en grupo en Internet.

- El 67% de los niños admite borrar su historial interno para ocultar su actividad en Internet.

- El 79% de las exposiciones accidentales de los niños a la pornografía en Internet se producen en el hogar.

---

138   http://www.ypacenter.com/youth-pornography-addiction

- El 12% de los sitios web de Internet son pornográficos: aproximadamente 25 millones de sitios web.

- 2 de los 100 principales sitios web de Internet son pornográficos.

- 40 millones de estadounidenses visitan regularmente sitios web pornográficos.

- 2.500 millones de correos electrónicos diarios son pornográficos.

- El 25% de las solicitudes de búsqueda diarias están relacionadas con la pornografía: unos 70 millones al día.

- El 3% de los sitios web pornográficos requieren verificación de la edad.

- El día más popular de la semana para ver pornografía es el domingo.

- El 10% de los usuarios de pornografía declaran ser adictos.

- El promedio de niños que ven pornografía por primera vez en Internet es de 11 años.

- El 70% de los jóvenes de 18 a 24 años visita páginas pornográficas al menos una vez al mes.

Creo que muchos de los problemas del mundo en línea están relacionados con esta cuestión. El mercado busca contenidos sexuales, fotos, canciones, bailes, vídeos, actos y mucho más. Gran parte del mundo en línea parece ser contenido totalmente pornográfico o muy cercano a ello. Padres, esta es una conversación difícil de tener con los hijos, y no sé si es necesario compartir todas estas estadísticas con ellos, pero sí quiero que sepan a qué nos enfrentamos. También creo que es fundamental hablar con nuestros hijos e hijas sobre los peligros de esta industria y el consumo de los productos que promueven. Ver este tipo de contenidos favorece el abuso de las mujeres en la industria; ver este tipo de contenidos crea una visión poco saludable de la intimidad sexual; ver este tipo de contenidos afecta literalmente a nuestro cuerpo física y psicológicamente, e indica a los productores que el mercado quiere más de este tipo de contenidos. Hagamos todo lo posible por no ver este tipo de contenidos. Si crees que se está gestando una adicción, acude inmediatamente a un profesional de la salud mental para que ayude a tu hijo preadolescente, adolescente o adulto joven a obtener ayuda.

IMPLICACIONES PARA EL SUEÑO Y LA SALUD

Un estudio británico de 2018 relacionó el uso de las redes sociales con la disminución, interrupción y retraso del sueño, lo que se asocia con depresión, pérdida de memoria y bajo rendimiento académico. El uso de las redes sociales puede afectar aún más directamente a la salud física del usuario. Los investigadores saben ahora que la conexión entre la mente y el intestino puede convertir la ansiedad y la depresión en náuseas, dolores de cabeza, tensión muscular y temblores. Si tu hijo tiene problemas de salud inexplicables, ésta podría ser la raíz.

Ya hemos hablado de cómo el uso excesivo de dispositivos está causando miopía en los niños, pero los efectos del ritmo rápido del mundo online también han tenido un gran impacto en la capacidad de atención de los jóvenes consumidores. Hoy en día, se estima que el adolescente medio tiene una capacidad de atención de sólo ocho segundos. Sólo ocho segundos. Es la capacidad de atención de un pez de colores.

Una estrategia de salida fácil es limitar el uso y, por supuesto, no permitir aparatos en el dormitorio. No dejes que los preadolescentes o adolescentes se duerman o se despierten con un aparato y limita el uso de estos artículos al menos una hora o más antes de acostarse. Si la interrupción del sueño continúa, acude a un profesional de la salud.

TRASTORNO POR JUEGOS EN INTERNET/ADICCIÓN A LOS JUEGOS

Si eres un padre que tiene problemas con el uso que hace tu hijo de los juegos, esto puede ayudarte a atar cabos. En primer lugar, los ingenieros de juegos utilizan el "diseño persuasivo", que incluye elementos incorporados para mantener las mentes jóvenes enganchadas a ciertas tecnologías de entretenimiento.[139] Están diseñando intencionadamente plataformas adictivas. Entonces, ¿cómo sabes cuándo tu hijo preadolescente o adolescente ha pasado de "amar el juego"

---

139   https://medium.com/@richardnfreed/the-tech-industrys-
psychological-war-on- kids-c452870464ce

a ser "adicto al juego"? El DSM-5[140] sugiere que la adicción podría ser un problema cuando se han podido identificar cinco o más de los siguientes criterios en un periodo de 12 meses.

Estos criterios incluyen:[141]

1. **Preocupación por los juegos**: El individuo piensa en la actividad de juego previa o anticipa jugar al siguiente juego; el juego se convierte en la actividad dominante en la vida diaria.

2. **Síntomas de abstinencia cuando se retira el juego**: Estos síntomas suelen describirse como irritabilidad, ansiedad o tristeza.

3. **Tolerancia**: La necesidad de dedicar cada vez más tiempo a los juegos.

4. **Intentos infructuosos** de controlar o reducir la participación en los juegos.

5. **Pérdida de interés en las relaciones de la vida real**, aficiones anteriores y otros entretenimientos como resultado de (y a excepción de) los juegos.

6. Uso **excesivo y continuado de los juegos** a pesar del conocimiento de los problemas psicosociales.

7. **Engaño** a familiares, terapeutas u otras personas respecto a la cantidad de juegos.

---

140   The Diagnostic and Statistical Manual of Mental Disease – Fifth Edition
141   https://pediatrics.aappublications.org/content/140/Supplement_2/S81

8. **Uso de juegos para escapar** o aliviar un estado de ánimo negativo (sentimientos de impotencia, culpa o ansiedad).

9. Pone en peligro o **pierde una relación importante**, un trabajo o una oportunidad educativa o profesional.

Lamentablemente, muchos podrán identificarse con cinco o más de los criterios mencionados. La situación se ha vuelto tan grave que, en 2018, la Organización Mundial de la Salud incluyó el Trastorno por Juego en Internet como un diagnóstico oficial.[142]

Los impactos de la adicción al juego son muchos:

• La obsesión por jugar a juegos electrónicos puede llegar al punto de privar del sueño, alterar la vida cotidiana y perder el control de la realidad.

• La depresión y el síndrome de abstinencia aparecen cuando los jugadores no juegan.

• Un estudio reveló que los jugadores pueden convertirse en conductores arriesgados e inseguros.[143]

• Es posible que los jugadores no tengan las herramientas necesarias para enfrentarse al mundo real (el 41%) dice que juega para escapar del mundo real)[144].

142　https://www.who.int/news-room/q-a-detail/addictive-behaviours-gaming-disorder
143　https://www.nhpr.org/the-exchange/2019-07-15/video-game-design-how-it- impacts-us-and-how-we-study-its-impacts#stream/0
144　http://www.liebertonline.com/doi/abs/10.1089/cpb.2009.0059

- Los adictos a los juegos pueden tener problemas subyacentes, como mayores niveles de ansiedad, comportamiento agresivo y neuroticismo.

Al igual que en el caso de la adicción al móvil y a la tecnología, es fundamental que entendamos de qué se trata, que pongamos nombre a la adicción si existe en nuestra familia y que empecemos a crear herramientas para salir del problema o afrontarlo. Si no se pueden cumplir estrategias como las enumeradas para la adicción al móvil y a la tecnología, ponte en contacto con un profesional de la salud mental.

- Hay muchas amenazas que se derivan de participar en el mundo online-tanto externas como internas.

- Las amenazas externas vienen en forma de cosas a las que nuestros hijos estarán expuestos en línea: drogas, pornografía, violencia, incitación al odio, etc.

- Las amenazas internas vienen en forma de cosas que se gestarán dentro de nuestros hijos en función de su tiempo en línea: depresión, problemas de autoestima, adicción a la tecnología, autolesiones, suicidio, obsesión por cosechar "me gusta", etc.

- Los padres deben saber que, si instalan bloqueos, los niños suelen poder sortearlos. Los niños tienen que entender las amenazas, creer en su propia seguridad y tener una estrategia de salida.

- La clave es que "Conozcan las amenazas, las reconozcan y las bloqueen al instante".

Herramienta 4:
Publicar como un famoso

Ser famoso significa más que el propio contenido.

DOMINIQUE SACHSE,

PERIODISTA GANADORA DE UN PREMIO EMMY E INFLUENCER ONLINE

La cuarta y última herramienta de evergreen suele levantar cejas al principio. Luego, tras una explicación, se produce un momento de "ajá" que suele ir seguido de un "¡Qué genialidad!". Y lo es. Así que, si el título de este capítulo te ha hecho enarcar las cejas, estate atento a un próximo momento "ajá".

En mi trabajo, tengo el placer de dar charlas en colegios sobre temas importantes de seguridad, especialmente en lo que se refiere al mundo online, por supuesto. Cuando hablo con niños de secundaria y bachillerato (a veces incluso de los últimos cursos de primaria), hago un ejercicio en el que empiezo preguntando: "¿Cuántos de ustedes están en las redes sociales?". Normalmente, la mayoría levanta los brazos.

"¡Genial!" respondo. Siempre me miran extrañados porque esperan que les diga que no se conecten.

Siguiente pregunta: "¿Cuántos de ustedes siguen a influencers y celebridades que les gustan, aman y admiran?".

En este punto, todas las manos que se habían levantado antes vuelven a levantarse.

Entonces digo: "Aún mejor… Ahora, quiero que todos y cada uno de ustedes publiquen exactamente como ellos".

Silencio.

Los profesores suelen mirar alrededor de la sala, al igual que el orientador escolar, que suele escuchar la presentación. Me encanta esta parte porque siempre tengo absolutamente la atención de estos chicos.

Continúo: "Quiero que cada uno de ustedes piense en su influencer o celebridad favorita ahora mismo y repase sus publicaciones en su mente. Mientras repasan sus publicaciones, quiero que hagan lo siguiente:

- Díganme exactamente a qué universidad van.

- Repasen las publicaciones y escriban la dirección de su casa.

- Díganme la ciudad exacta en la que viven.

- Díganme la dirección de su oficina, su número de matrícula y una imagen completa de la fachada de su casa".

Silencio de los niños. Ahora están pensando. Continúo: "Mientras hacen esto, estoy casi segura al 100% de que no podrán encontrar ninguno de esos datos en sus cuentas. ¿Por qué? Porque a diferencia del resto de nosotros, las celebridades y las personas influyentes han hecho de su seguridad y protección una prioridad número uno antes de empezar a publicar. Ellos, o sus equipos, han pasado horas asegurándose de que su información de identificación personal está oculta. Ellos o sus equipos han pasado horas asegurándose de que el acceso que te dan a través de sus publicaciones nunca abra la puerta a que te pongas en contacto con ellos en tiempo real o en la vida real. Publican, pero lo hacen con inteligencia. Quiero que cada uno de ustedes publique *exactamente como ellos*".

Están pensando.

Suelo recibir la siguiente pregunta: "Pero [inserta el nombre de la estrella de reality] siempre muestra dónde está en tiempo real y graba desde su casa. Claro, no sabemos el lugar exacto, ¡pero hay montones de fotos! Y comparte la ciudad en la que vive, y dónde están comiendo ahora mismo o adónde van esta noche o de viaje este fin de semana!". Los niños siempre hacen este argumento y me encanta. Están pensando y, mientras piensan, se van dando cuenta.

"Cierto". Digo yo. "Pero los famosos, influencers y estrellas de reality que hacen precisamente lo que acabas de decir también tienen un equipo de seguridad siguiéndoles en todo momento. Tienen la capacidad de pedir que un restaurante o una tienda cierre al público si necesitan empezar a separarse de las multitudes. Incluso pueden tener varias casas desde las que publicar, sin que nunca se sepa realmente dónde están; estas casas son simplemente un telón de fondo para la historia o la imagen que están pintando para su marca o negocio online. Además, dada su fama, muchos están en barrios difíciles de encontrar, con guardias y seguridad independientes de los equipos de seguridad con los que se pasean. Empecemos con esta sencilla pregunta: Por favor, levante la mano quien tenga al menos un equipo de seguridad siguiéndole en todo momento".

Grillos. Y a veces incluso sonrisas. Lo están entendiendo. Estas celebridades no sólo tienen a los equipos de seguridad con ellos en todo momento, sino que también tienen equipos especializados en línea que hacen lo siguiente para asegurarse de que sus seguidores en línea nunca puedan llegar a ellos:

- Dan a sus celebridades teléfonos anónimos.

- Compran teléfonos utilizando un alias.

- Tienen varios números diferentes conectados a varias identidades diferentes imposibles de rastrear.

- No registran su nombre en Apple.

- Sus equipos crean comunicaciones cifradas privadas y compartidas (números de móvil, mensajes de texto y correos electrónicos con alias) para relacionarse con allegados, como familiares y socios comerciales.

- Mantienen el Bluetooth apagado y no utilizan la nube. (No comparten su ubicación en tiempo real en SnapMap).

- Utilizan varios niveles de autenticación de contraseñas, y mucho más.

- Pasan por los mismos niveles para proteger el correo electrónico y, a continuación, rastrean los registros públicos para eliminar nombres, direcciones, correos electrónicos, números de teléfono e información personal de Internet. Incluso se limpian los registros públicos de impuestos.

- Tienen un apartado de correos para toda la correspondencia, y mucho más.

Sonrisas y carcajadas llenan la sala. Lo entienden. Lo entienden de verdad.

Padres, sé que es muy difícil -no, imposible- estar al tanto de todo lo que publican sus hijos. Pero si has hablado de su marca, has analizado los efectos de su publicación, has hablado de su comunidad y les has educado sobre las cosas que se les presentarán externamente o que se les presentarán internamente, es hora de parar y centrarse realmente en publicar de forma segura. Y *publicar como un famoso* es una buena forma de hacerlo. Los famosos y las personas influyentes han perfeccionado el arte de "compartir con seguridad". Sí, tienen equipos que borran sus datos personales de los registros públicos. Sí, a menudo ni siquiera utilizan sus nombres reales. Sí, tienen equipos de seguridad a su alrededor en todo momento. Sí, viven en comunidades cerradas con casas cerradas. Pero siguen haciendo de la publicación segura una prioridad. Ahora, volvamos a nuestros hijos. Utilizan sus nombres reales en Internet, no tienen a nadie que borre sus datos personales de los registros públicos, no tienen un equipo de seguridad, ni viven en propiedades con doble verja. ¿Cuánto más deberían hacer de la publicación segura una prioridad?

Todos ellos deben hacer de ello su prioridad número uno. Y si compartes la idea con ellos de esta manera, descubro que los niños lo entienden. Ya no somos nosotros los paranoicos por un problema que ellos no creen real. Ahora les mostramos que publicar de forma segura es tan importante que las celebridades y las personas influyentes que han estado siguiendo han estado publicando de forma segura todo el tiempo. No se trata de que los padres sean restrictivos, sino de darles el propósito y el camino definidos para publicar con intención y hacerlo de forma segura. Ya no se trata de crear expectativas poco realistas. De repente, se trata de entender su mundo y utilizar a las personas que más admiran como herramientas en su cinturón de herramientas y ejemplos de cómo mantenerse a salvo. Y así todos salen ganando.

PUBLICAR COMO UN FAMOSO:

Orientación para niños que deciden que quieren ser vistos, crear una marca comercial y cuentas públicas con grandes comunidades de desconocidos que les siguen: Ya compartí esta estadística antes en el libro, pero volvamos a ella. Dos de cada diez niños de entre 8 y 11 años son conscientes de los problemas de seguridad y les preocupa que desconocidos puedan averiguar información sobre ellos.145 Esto significa que el 80% de los niños pequeños ni siquiera piensa en ello. Los porcentajes son similares para los adolescentes y los adultos jóvenes. Tenemos mucho trabajo por hacer en este ámbito y empieza aquí y ahora.

Ejercicio 12:
Estrategia de publicación segura

En primer lugar, quiero que tú y tu hijo elijan a su celebridad o persona influyente favorita. Visiten sus páginas en las redes sociales, su página de YouTube, etc. Examina lo que puedes descubrir sobre ellos. ¿Puede ver cómo publican pensando en la seguridad? ¿Has podido averiguar su dirección o dónde están las oficinas de su empresa, o sus horarios personales? ¿Y sus números de matrícula o cualquier otra información que te ayude a acercarte físicamente a ellos? Seguro que no. Ahora, armemos a tus hijos para que hagan lo mismo.

1. **Publica siempre estratégicamente pensando en la seguridad.**

   - Ten mucho cuidado de no compartir información personal que pueda identificarte. *Esto es muy difícil* para los niños, que suelen compartir sin darse cuenta. Dado que la seguridad no es una prioridad absoluta, un niño puede compartir muy fácilmente fotos delante de su casa (mostrando el número de su domicilio) o fotos suyas en el campo con el equipo deportivo de su colegio (identificando así su ciudad y su colegio). Además, pueden publicar fotos en su trabajo diario divulgando la ubicación y potencialmente su horario de trabajo.

2. ¡Mantén la privacidad de los documentos privados!

- Los adolescentes de hoy en día publican fotos de sus matrículas, boletines de notas, cartillas de vacunación, malas notas en los exámenes, buenas notas en los exámenes, clasificaciones en competiciones deportivas, el primer cheque de un nuevo trabajo, una revisión de empleo, actas de nacimiento con un pie estampado con tinta ("¡Mira lo que acabo de encontrar! ¡Qué mono!"), licencias de matrimonio de padres y abuelos ("¡Viernes de recuerdos!") y mucho más. En su desesperación por el contenido, no piensan en la seguridad, pero tenemos que hacer que la seguridad sea su pensamiento principal. Queremos que tengan todo el contenido que necesitan, pero que lo hagan de forma estratégica y segura. Háblales de estas cosas, muéstrales lo que los depredadores de información o las personas malintencionadas de sus vastas y amplias comunidades en línea pueden hacer con la información personal que han compartido, desde direcciones, ciudades, información bancaria, información escolar y mucho más. Todo ello crea enormes riesgos para el niño y la familia.

3. **No publiques fotos de tu coche en las que se vea la matrícula.**

- Es extremadamente fácil que uno de tus seguidores haga una búsqueda inversa de matrículas y encuentre tu información personal o la de tus padres. Escucha esto de otra manera: No digo que no publiques con tu coche, digo que tapes los datos de identificación personal.

4. **Ten cuidado a la hora de compartir información sobre próximos eventos o sobre dónde estás o adónde vas en tiempo real.**

- Por lo general, los depredadores en línea actúan de maneras mucho más nefastas que aparecer en un lugar que un niño ha compartido en línea. Dicho esto, cuando tienes muchos seguidores y compartes a menudo, los seguidores empiezan a consumir tu contenido de forma muy personal. Pueden aparecer sólo para verte en la vida real, hacerte una foto (con o sin que lo sepas) o tomarse un selfie contigo. ¿Cuál es tu plan si el seguidor te incomoda? ¿Qué táctica debe seguir tu hijo si se muestra agresivo o contundente? Recuerda que la mayoría de nuestros hijos no tienen

el lujo de contar con equipos de seguridad, así que
esto deja a nuestros hijos en una situación difícil de
manejar solos. Háblalo y establece una estrategia
ahora, antes de que lo publiquen. Algunos niños han
decidido grabar en vídeo el contenido de un día de
compras o de una visita a un restaurante y publicarlo
siempre un día después para crear un amortiguador
en el tiempo y el espacio de su comunidad en línea.
¡Una buena idea!

5. **Recuerda siempre que las fotos tienen marcas
de tiempo y ubicación y a veces pueden jugar en
tu contra.**

- La mayoría de la gente sabe que las fotos tomadas con
los dispositivos actuales comparten la ubicación exacta
de una persona y una marca de tiempo estimada. Una
persona avispada puede ir a Google o a otro motor de
búsqueda para encontrar la ubicación exacta de una
foto. Obviamente, esto supone un enorme riesgo para
la seguridad. Además, alguien realmente interesado
puede incluso averiguar si tu foto fue recortada y
revertir los efectos si es necesario.

6. **Elimina la ubicación GPS de las fotos.**

- Es fundamental que elimines los datos de localización
de tus fotos antes de compartirlas. Ciertas apps

anuncian que lo eliminarán por ti, pero nunca se sabe y nunca debes arriesgarte. ¿Te imaginas que cualquiera que quisiera pudiera, ahora mismo, coger cualquiera de las fotos que tu hijo preadolescente o adolescente ha publicado y encontrar la ubicación exacta incrustada en las imágenes? Es aterrador, ya que estos datos incluyen no sólo la ubicación, sino también cosas como el modelo exacto de su cámara o teléfono y la fecha y hora de cuando se tomó. Los datos (llamados datos EXIF)[146] pueden incluso compartir información técnica, como la velocidad de obturación, el ISO y la apertura utilizada. La mayoría estaremos de acuerdo en que no queremos que nadie tenga toda esta información, por lo que es imprescindible eliminar estos datos al compartir fotos.

Para ocultar la ubicación y los datos en determinadas fotos:

1. Selecciona una o más fotos y toca el botón compartir (cuadradito con la flecha apuntando hacia arriba).

2. En la parte superior de la pantalla, toca la palabra "Opciones".

3. Cuando veas "Incluir" "Todos los datos de las fotos", desactívalo.

Para ocultar la ubicación y los datos de todas las fotos de un iPhone:

1. Ve a "ajustes" en tu iPhone

2. Ve a "privacidad"

3. Ve a "servicios de localización"

4. Pulsa "Nunca" para las fotos.

Es importante que los amigos también hayan hablado de esto.

¿Qué pasa si tu hijo ha decidido publicar de forma segura pero está con amigos que comparten fotos suyas o les meten en vídeos en directo exponiendo dónde está tu hijo en tiempo real? Tenemos que cubrir incluso estos posibles puntos ciegos. Es fácil: basta con que hables con tus amigos de tu intención de publicar de forma segura. Puedes seguir haciendo fotos y vídeos en directo, pero decidiendo juntos cómo hacerlo de forma segura.

Padres, tengan en cuenta que compartir demasiado también puede exponer a sus hijos al robo de identidad. Asegúrate de que tus hijos son conscientes de lo que hacen clic y de la información que comparten cuando participan en concursos o se registran.

Hay personas en la comunidad en línea de tu hijo que pueden no tener ningún interés en acceder a tu hijo físicamente, pero que están trabajando horas extras para obtener su información personal por razones financieras. A los ladrones de identidad les encanta el uso que los jóvenes hacen de las redes sociales, ya que publican y hablan constantemente sobre sus mejores amigos, sus ciudades natales, sus mascotas, sus cumpleaños, su equipo deportivo favorito y los ingredientes de sus pizzas. Una vez que se han fijado en un adulto joven que comparte información en Internet con frecuencia y da mucho acceso, los ladrones se sientan, prestan atención y empiezan a anotar información.

Así que, por favor, ¡hablen de esto con sus hijos! Asegurémonos de que nuestros hijos no comparten demasiados datos en Internet, aunque parezcan inocuos. Con el tiempo, es muy perjudicial. Este consejo se aplica a lo que nuestros hijos publican en sus propias plataformas, pero también a lo que publican en las plataformas de otras personas. Los adultos jóvenes son el objetivo número uno de los estafadores porque pueden robar su identidad y nadie lo sabrá hasta que consigan su primer coche o un préstamo para los estudios. Ten cuidado con las aplicaciones que te descargas y evita el clickbait. Los estafadores envían constantemente enlaces y correos electrónicos, concursos y mucho más con la esperanza de que tus hijos hagan clic e instalen malware o empiecen a compartir información personal. Los niños deben tener cuidado.

CONSEJOS PARA JÓVENES QUE VIVEN SOLOS O CON AMIGOS EN EL COLEGIO

Si compartes contenidos continuamente (pero no estás en el punto de tener seguridad personal, que imagino es el caso de muchos de ustedes), te insto a que sigas siendo extremadamente estratégico en cómo publicas, especialmente cuando se trata de estar solo en casa o de viaje. No querrás transmitir a Internet que estás solo, o que no hay nadie en la casa desde la que probablemente has compartido en muchas ocasiones.

¡SÉ CONSCIENTE DE CÓMO COMPARTES TU CASA!

Me vuelve loca cuando los chicos publican fotos de sus puertas de entrada o interiores en las que muestran tanto sus casas como el aspecto de todos los mecanismos de cierre internos. Sé que suena paranoico, pero para alguien que sigue a tu hijo en Internet y que podría obsesionarse con él, esas fotos son un regalo. Por favor, no digo que no publiques desde fuera o dentro de la casa, pero sí que lo hagas de forma estratégica y pensando en la seguridad. No muestres los números de las casas ni los puntos de referencia. Sé inteligente.

REFLEXIONES SOBRE LAS PUBLICACIONES DURANTE LOS VIAJES

Publicar o no publicar mientras viajas... esta es siempre la pregunta más difícil. Tradicionalmente, los expertos en seguridad recomiendan no compartir información cuando se está de viaje o no se va a estar en casa. También aconsejan que sólo se compartan fotos de un viaje después de haber regresado. Tengo sentimientos encontrados al respecto. Su consejo se basa en la preocupación por la seguridad de tu hogar, pero yo creo que, si siempre has tenido en cuenta la seguridad y has protegido la ubicación de tu casa, este tema me preocupa menos. También sé que las tendencias delictivas en todo el país están cambiando y que los "posibles" ladrones se preocupan menos por atacar una casa cuando las familias viajan y más por atacar una casa que saben que es un buen golpe. Habla de ello con tu familia y toma la decisión que más te convenga. **Y una nota al margen**: como defensor de la seguridad pública, permítanme recordarles que cuando viajen, asegúrense de que su compañía de alarmas (si tienen una) pueda contactar con ustedes mientras estén fuera del país. He hablado con muchas personas cuyas compañías de alarmas les indicaron que llamaran a su oficina. Eso no sirve de nada cuando se está de viaje.

Y UNA VEZ MÁS: LOCALIZACIÓN GPS Y APLICACIONES DE REDES SOCIALES.

He mencionado esto varias veces: La localización por GPS realmente crea una gran vulnerabilidad. Es una buena idea desactivar la localización de todas las aplicaciones de redes sociales cuando las estés utilizando. He aquí cómo hacerlo:

Para desactivar la ubicación en las apps de medios sociales en un iPhone:

1. Ve a "Ajustes" en tu iPhone.

2. Ve a "privacidad".

3. Ve a "servicios de localización".

4. Pulsa "Nunca" para las aplicaciones que quieras ocultar tu ubicación mientras las usas.

Para desactivar todos los servicios de localización, incluido el GPS, en un teléfono Android:

1. Desde cualquier pantalla de inicio, pulsa en Aplicaciones.

2. Pulsa Ajustes.

3. Pulsa Privacidad y seguridad.

4. Pulsa Ubicación.

5. Coloca el interruptor de ubicación a la izquierda, en la posición de apagado.

Esto desactiva todos los servicios de localización, incluido el GPS.

HACK PARA PADRES: Puedes seguir indagando en tu iPhone.

1. En la misma página en la que estás eligiendo no compartir nunca tu ubicación mientras estás en

ciertas apps, dale a "servicios del sistema" en la parte inferior.

2. A continuación, ve a "Ubicaciones significativas" (Tendrás que introducir la contraseña del teléfono del niño o el reconocimiento facial para entrar en esta parte del teléfono).

3. "Ubicaciones significativas" permite a tu iPhone y a los dispositivos conectados a iCloud aprender lugares significativos para ti con el fin de proporcionar información útil relacionada con la ubicación en Mapas, Calendarios, Fotos y mucho más. Las ubicaciones significativas están encriptadas de extremo a extremo y no pueden ser leídas por Apple. Se trata de un área importante a la que prestar atención, incluso para comprobarla de vez en cuando en el teléfono de un niño. Los padres pueden descubrir mucho haciendo esto.

PHISHING, HACKING Y MALWARE

No puedo insistir en la importancia de concienciar a los niños sobre estas tácticas dañinas para manipular sus vulnerables mentes. Nuestros hijos deben saber que los estafadores están muy activos en la tecnología. Enviarán correos electrónicos falsos que parecen proceder de escuelas, agencias de modelos, directores de casting, tu proveedor de correo electrónico, Amazon o una serie de grandes empresas que intentan que un joven adulto haga clic y rellene información. Con cada clic, corres el riesgo de que se instale malware en tus sistemas, y con cualquier información compartida, corres un enorme riesgo de que se produzca un robo de identidad.

Además, los niños deben tener cuidado con el tipo de contenidos y fotos que almacenan en sus ordenadores y teléfonos. Hay innumerables historias de niños que han sido pirateados y cuyos vídeos o contenidos muy personales se han compartido con el mundo sin permiso. Es una experiencia terrible. Sí, los niños deben ser libres de tener contenido privado en sus dispositivos privados, pero al mismo tiempo, si estamos conectados con el mundo en línea de una manera constante, tenemos que estar preparados para hacer frente a las realidades de ese mundo, y a veces la piratería tiene lugar.

Más allá del pirateo, aquí es donde instamos a los niños a que no compartan sus contraseñas de usuario ni siquiera con sus mejores amigos, intereses románticos o cualquier otra persona que no sean sus padres. Los niños entran en los teléfonos de los demás todo el tiempo y miran fotos, mensajes de texto, notas, correos electrónicos y mucho más. Con una rápida captura de pantalla y compartiéndola, pueden hacerse rápidamente con información personal. Recuerda también que, si estás fuera de casa, no debes dejar el teléfono desatendido. Otros pueden cogerlo y empezar a revisarlo también.

¿ES NECESARIO PUBLICAR COMO UN FAMOSO SI SE TIENE UNA CUENTA PRIVADA?

Sí. La realidad es que incluso un niño que tiene un perfil privado está publicando en plataformas donde las cosas viven para siempre y de alguna manera siempre se pueden buscar y eventualmente compartir. Lo que publiques siempre puede acabar en las manos equivocadas y crearte vulnerabilidades. Así que, padres e hijos, protejan su seguridad de forma proactiva y continua. Nunca se arrepentirán de haberlo hecho.

Otras salvaguardas para todos los niños:

- **Saber cómo denunciar y bloquear:** Cuando se trata de seguridad, todos los niños deben saber cómo denunciar y bloquear a las personas dañinas. Repasa cada cuenta con tu hijo y asegúrate de que tanto tú como él saben cómo hacerlo.

- **Obtén las contraseñas**: Padres, tengan siempre a mano todos los nombres de usuario y contraseñas de los teléfonos, iPads, ordenadores y otros aparatos de sus hijos.

- **Establecer preferencias**: tanto si tus cuentas son privadas como si tienes un perfil público, tómate tu tiempo para establecer preferencias en las aplicaciones y sitios de las redes sociales.

- **¡Borra, borra, borra!** Utiliza las funciones de cada entorno para eliminar comentarios, publicaciones en el muro, imágenes, vídeos, notas y etiquetas problemáticos.

- **No te sientas obligado a responder**: Tu hijo no debe sentirse obligado a responder a mensajes o solicitudes de amigos/seguidores molestos o no deseados. Deben sentirse cómodos para impedir que determinadas personas se comuniquen con ellos o lean ciertos contenidos que compartes. Recuerda desactivar la opción de compartir ubicación y piénsatelo mucho antes de utilizar la función "check-in".

- **Mantén las conversaciones personales en privado**: Sé que esto es muy difícil, pero intenta no comunicarte con uno o dos de tus mejores amigos a través de toda una red social a la que muchos siguen y observan.

- **Protege tu perfil**: Los niños deben ser inteligentes con las contraseñas y compartirlas sólo con sus padres. No con los amigos. Evita utilizar respuestas obvias para las preguntas de seguridad o recuperación. Procura no acceder a tus perfiles en línea desde dispositivos públicos (el ordenador de la biblioteca o en la tienda Apple). Asegúrate de tener instalados los últimos programas antivirus y antimalware en los dispositivos y asegúrate de que todas las cuentas están configuradas con autenticación de dos factores.

HABLAR CON LOS MÁS PEQUEÑOS

A la hora de hablar con los niños más pequeños, aquellos que pronto estarán expuestos al mundo online por primera vez, he aquí una buena forma de abordar todo lo anterior:

1. Pídeleatuhijoqueteayudeaconfigurartuperfil.Entrad juntos en la configuración de privacidad y aseguraos de que los niños entienden por qué es importante.

2. Habla sobre las contraseñas y las fotos de perfil.

3. Entra en las redes sociales y empieza a buscar amigos y gente que conozcan en la vida real. Muéstrales cuánta información hay ya allí.

4. Habla de las cuentas públicas frente a las privadas.

- Enseñar a los niños a publicar como una celebridad significa ser reflexivos, inteligentes y estratégicos sobre la forma en que publican y comparten.

- Es importante que sepan cómo proteger toda su información personal, incluidas fotos, chats, mensajes de texto, vídeos, correos electrónicos y mucho más.

- Deben ser inteligentes con las contraseñas para protegerse del robo de identidad y gestionar escrupulosamente el GPS y el rastreo.

- **Padres**: Debemos recordar a los niños que no deben compartir ni utilizar las redes sociales como un lugar para llenar un vacío, sentirse populares y ligar con otros usuarios. Internet es de "dominio público" y no tienen la privacidad ni el anonimato que creen.

- Recuerde a sus hijos que todo lo que publican se conserva, aunque una aplicación afirme que el contenido desaparece. Nada desaparece de verdad.

Recursos para padres

Ser padres en la era digital no es para los débiles de corazón.

Te felicito por haber llegado hasta el último capítulo de este libro. Es mucha información, lo entiendo. Si la cabeza te da vueltas y te sientes completamente abrumado, haz una pausa y respira hondo. En la página 300 hay una lista de comprobación que te servirá de guía para repasar los ejercicios de este libro. Este capítulo también incluye una referencia rápida a términos, jerga online, emojis, información sobre software de seguridad y mucho más.

Ya lo dije al principio: ser padres en la era digital no es para los débiles de corazón. Ojalá pudiera chasquear los dedos y decirte que si haces todas estas cosas todo irá bien para tu familia. No puedo garantizarlo. Pero puedo decirte que al asumir la responsabilidad, estás dando un ejemplo poderoso que tendrá un impacto en tu hijo para el resto de su vida, incluso si puede haber retroceso hoy. Les estás comunicando que son valiosos para ti, que es lo que todo niño desea en el mundo: saber que son queridos e importantes para sus padres. Confiar en tu amor les permitirá tomar mejores decisiones en Internet y crear una base de confianza y sabiduría para el futuro. Creo que lo más difícil para nosotros como padres es ver crecer a nuestros hijos y saber cuándo confiar en ellos y cuándo confiar en que hemos hecho lo suficiente para prepararlos para el gran mundo que tienen por delante. Tenemos que recordar que los niños son resistentes. Quizá no podamos protegerles de todos los males, pero podemos enseñarles a curarse, a crecer y a aprender de la vida. Esa es la oportunidad que les brinda este libro.

Ahora, mientras expongo los fundamentos y las herramientas para mantener a todos nuestros hijos seguros en línea de forma proactiva, y especialmente en un mundo en línea en constante cambio, también prometo que los que trabajamos en este campo seguiremos estudiando las plataformas, las consolas de juegos y las salas de chat en línea. Seguiremos abogando por el cambio, por parámetros de seguridad nuevos y más sólidos. Seguiremos siendo aún más tácticos en la lucha por una legislación y una educación que pongan la seguridad de nuestros hijos por encima de todo.

Para ello, no podemos hacerlo solos. Yo, junto con todas las organizaciones que luchan por sus hijos, necesitamos su ayuda. Necesitamos su apoyo. Necesitamos que hagas oír tu voz. Pero lo más importante es que tu hijo necesita que hagas oír su voz.

Quiero invitarte a que te conectes conmigo en línea para obtener la información más actualizada sobre seguridad y las herramientas en las que estoy trabajando personalmente; y también para explorar formas en las que puedes marcar la diferencia con tu voz, pasando a la acción. Y si puedes, considera apoyar financieramente a algunas de las increíbles organizaciones sin ánimo de lucro que están en primera línea en la lucha por nuestros hijos, como Crime Stoppers. Juntos podemos marcar la diferencia hoy y para las generaciones futuras.

rania.mankarious.1

theraniareport

@theraniareport

Guía de acción paso a paso para padres

FUNDAMENTOS:

☐ ¿Dónde se conectará tu hijo? Revisa los "cubos" de plataformas de la página 99 y determina las normas de participación de la familia para cada tipo de aplicación permitida (Ejercicio nº 1, página 108).

☐ Comenta con tus hijos los retos y las cadenas de cartas (Ejercicio nº 2, página 115).

☐ Repasa las páginas 91 y 112, consejos para hablar con los adolescentes.

HERRAMIENTA 1: DEFINE LA MARCA DE TU HIJO

☐ Discute la Herramienta 1 con tu hijo. Repasen la Discusión familiar sobre la marca (Ejercicio n.º 3, página 140).

☐ Discute las Preguntas iniciales sobre el desarrollo de la marca (Ejercicio #4 página 147) y "Empieza por qué". Repasa el capítulo y los ejemplos.

☐ Discute los fundamentos de la construcción de marca y el refinamiento de la marca (Ejercicio #5 página 156).

- ☐ Discute la importancia de la exclusividad y de no dar acceso completo de uno mismo a todos (página 157).

- ☐ Discute un código ético y la alineación con los valores familiares.

- ☐ Haz una autoevaluación (Ejercicio n° 6, página 159).

HERRAMIENTA 2: DEFINE LA COMUNIDAD DE TU HIJO

- ☐ Comenta con tu hijo los tres tipos de miembros de la comunidad: conocidos, conocidos, desconocidos (página 168).

- ☐ Habla sobre todos los tipos de personas que podrían estar conectadas con tu hijo o seguirlo (página 171).

- ☐ Habla sobre las banderas rojas de Evergreen (Ejercicio n° 7, página 175).

- ☐ Habla con tu hijo sobre todas las cuentas que tiene. Hazle saber que conoces las cuentas falsas. Revisa cada cuenta y haz la evaluación de la comunidad de tu hijo. Borra y bloquea a los seguidores sospechosos (Ejercicio n° 8, página 179).

HERRAMIENTA 3: DESARROLLAR UNA ESTRATEGIA DE SALIDA: CONOCER, RECONOCER Y BLOQUEAR

☐ Discute los 3 roles en un encuentro en la página 190.

☐ Repasa las principales amenazas externas. ¿Se las ha encontrado tu hijo? (Ejercicio nº 9 de la página 193)

☐ Repasa el Proceso de 6 Pasos de los Traficantes de Seres Humanos y los signos de grooming (Ejercicio #10 página 212).

☐ Revisa las amenazas internas (Ejercicio 11 página 242).

HERRAMIENTA 4: PUBLICA COMO UN FAMOSO

☐ Repasa mi historia inicial (página 276)

☐ Realiza el ejercicio de búsqueda de famosos y desarrolla una estrategia de publicación segura (Ejercicio nº 12, página 282).

☐ Elimina la ubicación GPS y las marcas de tiempo de las fotos (página 285).

☐ Habla sobre la seguridad de las publicaciones con tus amigos o con cualquiera que publique sobre ti.

☐ Repasa los peligros del robo de identidad (página 287).

OTRAS MEDIDAS DE SEGURIDAD

- ☐ Repasa con tu hijo cómo bloquear personas en cada aplicación.

- ☐ Asegúrate de que tienes todas las contraseñas de los dispositivos y cuentas de tu hijo.

- ☐ Establece preferencias para el dispositivo y cada aplicación.

- ☐ Elimina la localización GPS de las aplicaciones de redes sociales.

- ☐ Establece normas de uso: ¿Cuánto tiempo podrán estar conectados? ¿Cuáles son las horas "sin tecnología"? ¿Dónde van los teléfonos por la noche?

- ☐ Revisa los Absolutos en línea y la Guía de publicación en la página 305.

Software de seguridad

Padres, no dudes en utilizar programas informáticos que te ayuden a mantener a salvo a tus hijos. Personalmente prefiero BARK.us. Bark ayuda a las familias a gestionar y proteger la vida online de sus hijos. Este software supervisa más de 30 de las aplicaciones y plataformas de medios sociales más populares, incluidos los mensajes de texto y el correo electrónico, en busca de señales de peligros digitales. Sus herramientas de gestión del tiempo de pantalla y filtrado web ayudan a los padres a establecer límites saludables sobre cómo y cuándo sus hijos utilizan los dispositivos y alerta a los padres cuando las cosas parecen cuestionables o peligrosas. Para más información sobre BARK, visite www.bark.us.

ABSOLUTOS EN LÍNEA

Absolutamente nunca

- *Nunca* grabes una pelea. *Por favor.* Nunca la filmes y nunca la compartas. Denúncialo inmediatamente y busca ayuda para la víctima, inmediatamente.

- *Nunca* filmes una relación sexual. Nunca lo filmes y nunca lo compartas. Denúncialo.

- *Nunca* te hagas una foto sexual y la compartas con otra persona. Nunca.

- *Nunca* fomentes el ciberacoso, el ciberhostigamiento o la ideación suicida, y nunca compartas ni des a me gusta a mensajes que lo hagan. Denúncialo. Interviene con el único fin de conseguir ayuda.

- *Nunca* filmes, transmitas en directo, compartas, te guste o comentes nada que implique responsabilidad civil o penal. *Recuerda que el acoso escolar, las peleas, el contenido sexual, el vandalismo, el maltrato animal, la bebida, las drogas, algunos retos en línea, etc., pueden entrar en esta categoría.*

- *Nunca* compartas contraseñas, direcciones, número de teléfono u otra información personal en línea.

- *Nunca* compartas información sensible relacionada con un caso judicial.

- *Nunca* te reúnas en línea con alguien con quien "hables" (fíjate que no he dicho "conozcas").

- *Nunca* te subas a un coche con un dinero que sólo conoces de tus compromisos en línea.

- *Nunca* tomes una pastilla de alguien que te la haya dicho por Internet. Esto incluye fumar marihuana y utilizar un vaporizador.

- *Nunca* envíes mensajes de texto mientras conduces. En el 14% de los accidentes mortales está implicado el uso del teléfono móvil. Además, las investigaciones han demostrado que marcar un número de teléfono mientras se conduce aumenta seis veces el riesgo de que el adolescente sufra un accidente, y enviar mensajes de texto mientras se conduce aumenta 23 veces el riesgo. (NHTSA)

ORIENTACIÓN E IDEAS PARA LOS NIÑOS

Aunque el mundo online puede enseñar muchas cosas a tus hijos, hay otras que no. Algunas cosas, como el carácter y los valores, deben inculcarse en casa. Creo que esta lista lo resume bastante bien:

10 lecciones que quiero inculcar a mis hijos

Si eres agradecido, demuéstralo.

Si quieres a alguien, díselo.

Si te equivocas, confiesa.

Si estás confundido, haz preguntas. Si aprendes algo, enséñaselo a los demás. Si estás atascado, pide ayuda.

Si cometes un error, discúlpate. Si tropiezas, levántate.

Si alguien necesita ayuda, ayúdale. Si ves algo mal, adopta una postura.

@7_secrets_of_relationships

Para ello, aquí tienes una lista de los tipos de cosas que tu hijo puede hacer en Internet cada día:

• Busca un contacto que sepas que celebra un cumpleaños y comparte una felicitación.

- Comparte una historia positiva, ya sea una que encuentres o una que crees tú mismo.

- Destaca una causa en la que creas y, de forma positiva, comparte información sobre ella para educar a los demás.

- Comparte tus buenos hábitos alimenticios.

- Comparte una rutina de ejercicios.

- Encuentra algunos amigos sobre los que publicar elogios en Internet.

- Etiqueta a personas que te inspiren.

- Busca artistas cuyo trabajo te haga reír y comparte sus publicaciones.

- Comparte una cuenta de GoFundMe (asegúrate de que es legítima).

- Anima al éxito a un amigo que ya ha compartido que está a punto de hacer un examen importante o cuyo equipo se enfrenta a un partido importante o que está a punto de actuar (¡Recuerda! Hazlo sólo si tu amigo ya está compartiendo que le está pasando esto).

- Comparte todo lo que tengas en línea, siempre que encaje con tu marca.

- Comparte cinco cosas por las que estás agradecido y reta a los demás a hacer lo mismo.

- Comparte fotos antiguas de tus abuelos o padres que sean divertidas o sentimentales.

- Comparte mensajes que promuevan la tolerancia, la aceptación, la inclusión y la lucha contra el acoso.

- Comparte mensajes que hablen de valentía, bondad o esperanza.

- Comparte encuestas. Pregunta a la gente si prefiere "esto" o "aquello".

- Pregúntale a la gente qué le apasiona en un post de IG Questions, por ejemplo.

- Pregúntale a la gente cuáles son sus sueños en un post de IG Questions, por ejemplo.

- Cuelga el teléfono de vez en cuando y programa encuentros en persona con las personas de tu vida. Incluso puedes publicar: "Apagando mientras paso tiempo real con mi mejor amiga".

- Sé un modelo a seguir y un líder.

- Muestra bondad hacia los animales con vídeos en los que los mascota o acicalándola en casa.

- Anima a quienes lo necesiten.

ESTÁ BIEN DECIR "NO"

Hace poco, en el podcast *The Balanced Voice*, entrevisté a Chris McKenna, fundador de Protect Young Eyes, que produjo los populares documentales *The Social Dilemma* y *Childhood* 2.0. Él hizo la siguiente afirmación: "La mayor mentira que nos decimos es que los niños deben estar en línea". Y aunque mis estrategias en este libro están diseñadas para ayudar a mantener a los niños seguros mientras están en línea, estoy completamente de acuerdo con él. Lo que sigue se publicó en Internet y lo resume todo:

Lo que más me preocupa

...que cuando les damos dispositivos a nuestros hijos..,

les robamos el aburrimiento.

Como resultado, estamos criando una generación de

escritores que nunca empezarán a escribir,

artistas que nunca empezarán a garabatear,

cocineros que nunca ensuciarán la cocina,

atletas que nunca patearán una pelota contra la pared,

músicos que nunca cogerán la guitarra de su tía

y empiecen a rasguear.

—Autor desconocido

Padres, si ves que tu hijo está cayendo en la adicción o no puede soportar las presiones del mundo online, está bien decir "no". Está bien tomarse descansos. Está bien dejar que se aburran y exploren el mundo offline. De hecho, está más que bien. Es recomendable.

Sección de referencia rápida

**Definiciones de términos importantes,
algunos tratados en este libro.**

- Sección 230 de la Ley de Decencia en las Comunicaciones (Communications Decency Act)–Título 47 del Código de los Estados Unidos promulgado como parte de la Ley de Decencia en las Comunicaciones de los Estados Unidos, que generalmente proporciona inmunidad a las plataformas de sitios web con respecto al contenido de terceros. Establece específicamente: **"Ningún proveedor o usuario de un servicio informático interactivo será tratado como editor o portavoz de la información proporcionada por otro proveedor de contenidos informativos"** (47 U.S.C. § 230).

- **Conocidos verdaderos**: personas con las que estás familiarizado, a las que ves en la vida real, pero a las que no conoces (piensa en la persona del supermercado: la ves a menudo pero no la conoces).

- **Falsos conocidos**: Alguien a quien literalmente no conoces, pero con quien estás conectado en línea. Puede parecerte un conocido porque compartís una conexión en las redes sociales o porque están conectados directamente, pero si esa es tu única conexión con esa persona, no es un conocido.

- **Marca**: Identificar las prácticas o la información que definen quién eres o qué es algo.

- Espectador: Esta persona ve lo que ocurre pero permanece callada o neutral. Ni participa, ni permite, ni impide que la actividad tenga lugar. Con su silencio, permite que la actividad negativa continúe.

- **Catfishing**: Proceso en el que se crea una persona ficticia o una identidad falsa en un dispositivo de redes sociales con el objetivo de captar a una víctima específica. La actividad engañosa se suele utilizar para obtener beneficios económicos o para comprometer de algún modo a la víctima objetivo, para molestarla o perjudicarla intencionadamente.

- **Clickbait**: Un titular en línea diseñado para atraer la atención y atraer a los usuarios a seguir, leer, ver o escuchar el contenido en línea enlazado. El contenido suele ser deliberadamente engañoso, sensacionalista o engañoso. El clickbait puede utilizarse con diversos fines, como conseguir visitas de anunciantes o ayudar a creadores malintencionados a instalar malware.

- **Ciberacoso**: El uso de la comunicación electrónica para intimidar a una persona, normalmente mediante el envío de mensajes de carácter intimidatorio o amenazador.

- **Ciberacecho**: El uso repetido de las comunicaciones electrónicas para acosar o atemorizar a alguien, por ejemplo enviando correos electrónicos amenazadores.

- **Huella digital**: Los datos que deja tu uso de Internet. Las huellas digitales pueden ser pasivas y activas. Una huella digital activa se produce cuando el usuario ha compartido deliberadamente información sobre sí mismo en redes sociales o sitios web. Las huellas pasivas se crean a partir de lo que las empresas han recopilado de su uso de Internet.

- **Disruptor**: Esta persona actúa para romper el ciclo del mal comportamiento. No comparte, no le gusta y no participa positivamente. En su lugar, bloquea, denuncia y frustra comportamientos negativos o peligrosos.

- **Dopamina**: también conocida como la hormona del bienestar, es un neurotransmisor que se libera cuando el cerebro espera una recompensa. Cuando empiezas a asociar ciertas actividades con el placer, la anticipación puede ser suficiente para elevar los niveles de dopamina. Esto puede aplicarse al uso del teléfono para consultar los mensajes o las publicaciones en las redes sociales, a la comida, el sexo, las compras, las drogas y mucho más.

- **Egirl o Eboy (también conocidos como e-kids):** Una especie de "emo" que se ha convertido en una subcultura juvenil con un look específico y que suele encontrarse en TikTok, Tumblr, VSCO o plataformas de juegos online. Los vídeos de e-girls y e-boys tienden a ser coquetos y, muchas veces, abiertamente sexuales. Se les ha visto vender desnudos, "trampas para la sed" o incluso tiempo consigo mismos.

- **Facilitador**: Esta persona ve lo que está ocurriendo y permite que continúe. No bloquea, no denuncia, no anima a que se detenga la actividad, sino que allana el camino para que crezca dando "me gusta" a la publicación de otra persona.

- **Datos EXIF (Formato de Imagen Intercambiable)**: Los datos descriptivos (metadatos) de un archivo de imagen incluyen la fecha en que se tomó la foto, la resolución utilizada, la velocidad de obturación empleada, la distancia focal y otros ajustes de la cámara.

- **Geoetiquetas**: El proceso de añadir coordenadas geográficas a los medios basándose en la ubicación de un dispositivo móvil. Las geoetiquetas pueden aplicarse a fotos, vídeos, sitios web, mensajes de texto y códigos QR, y también pueden incluir marcas de tiempo u otra información contextual.

- **Aplicaciones ocultas (también llamadas Vault Apps):** Se utilizan en los teléfonos móviles para ocultar cosas como fotos, archivos e incluso otras aplicaciones. Suelen utilizarse cuando el usuario (niño) quiere ocultar algo a alguien (padre o tutor). Muchas aplicaciones ocultas o de bóveda parecen completamente inofensivas y a menudo se pasan por alto.

- **Trata de seres humanos**: Esclavitud moderna que implica el uso de la fuerza, el fraude o la coacción para obtener algún tipo de trabajo o acto sexual comercial.

- **Macroinfluenciadores**: Menos de 1 millón de seguidores

- **Microinfluenciador**: Menos de 50.000 seguidores

- **Nano-influenciador**: Menos de 10.000 seguidores

- **Órbita**: Describe a los hombres que merodean por las redes sociales de una joven con la esperanza de conectar con ella para mantener relaciones sexuales.

- **Participante**: Se refiere a alguien que participa activamente en actividades en línea. Publica, le gusta, comenta o comparte.

- **Tecnología persuasiva**: se refiere a la idea de que las herramientas digitales, como los teléfonos inteligentes y las aplicaciones para juegos y redes sociales, por ejemplo, alteran los pensamientos y comportamientos humanos mediante un diseño intencionado.

- **Phishing**: un tipo de ingeniería social en el que un atacante envía un mensaje fraudulento diseñado para engañar a la víctima u objetivo para que revele información sensible al atacante. El atacante puede intentar robar información personal u obtener fotos inapropiadas. El atacante también podría estar intentando desplegar software malicioso en la infraestructura de la víctima, como ransomware.

- **Corteza prefrontal**: Parte del cerebro situada en la parte anterior del lóbulo frontal. Está implicada en diversos comportamientos complejos, como la planificación, y contribuye en gran medida al desarrollo de la personalidad, incluida la expresión de la personalidad, la toma de decisiones y la moderación del comportamiento social.

- **Ransomware**: Malware diseñado para cifrar los archivos de un dispositivo, inutilizando los archivos y los sistemas en los que se basan. El atacante pide un rescate (dinero) a cambio del descifrado y la liberación de los archivos/sistemas del objetivo.

- **Sharenting**: Uso excesivo de las redes sociales por parte de los padres para compartir las fotos y los intereses de sus hijos, a veces la escuela, el curso y los profesores, así como lo que les gusta y lo que no.

- **Sexting**: Intercambio de imágenes, vídeos o mensajes sexualmente explícitos por medios electrónicos.

- **Sextorsión**: Una forma de explotación sexual en la que el delincuente utiliza la coacción y las amenazas para obligar a la víctima a producir imágenes o vídeos sexuales en los que participa en actos sexuales. En algunos casos, el delincuente ya posee imágenes de la víctima desnuda o con contenido sexual y amenaza con divulgarlas si la víctima no hace lo que el delincuente le ordena.

- **Smishing**: Práctica fraudulenta consistente en enviar mensajes de texto supuestamente procedentes de empresas fiables para inducir a los usuarios a revelar información personal, como contraseñas o números de tarjetas de crédito.

- **Extraño**: Alguien a quien literalmente no conoces; alguien realmente desconocido para ti en Internet y en la vida real.

- **Trampa para la sed**: Una foto sexy publicada en las redes sociales para llamar la atención. También puede referirse a una persona que consideras sexy, como un "flechazo" en las redes sociales.

Términos menos frecuentes del argot adolescente

- **420** - Referencia a la marihuana

- **11:11** - Momento popular para pedir un deseo

- **ASB** - Como las pelotas. Ejemplo: Soy alto asb.

- **Chad** - Un joven hipersexual

- **Chill** - Relajado o tranquilo

- **Coney** - Pene en argot

- **CY** - "Tápate el culo" o "hasta luego"

- **Dabbing** - Se refiere a dosis concentradas de cannabis; también es una moda de baile

- **Dongle** - Pene en argot

- **HEAF** - Acrónimo de "High Expectations Asian Father" (padre asiático con grandes expectativas)

- **Hulk** - Una barra de benzodiacepina genérica de 2 mg, que es de color verde

- **ILY** - Te amo

- **IRL** - En la vida real

- **JK** - En broma

- **OKURRR** – Variación de "OKAY" popularizada por la rapera Cardi B que lo define como algo que se dice para afirmar cuando se está poniendo a alguien en su sitio

- **Autobús escolar** – Una barra de Xanax de 2mg, que es de color amarillo

- **SH** – Sh** happens

- **SUFF** – Acrónimo de "Shut up, f**k face" (cállate, jódete)

- **Spam** – Cuenta falsa en las redes sociales

- **TDTM** – Habla sucio conmigo

- **WUF** – ¿De dónde eres?

Índice

www.ingramcontent.com/pod-product-compliance
Lightning Source LLC
Chambersburg PA
CBHW051506050726
47594CB00010B/3991